人生自古誰不廢

或懷才不遇，或落榜情傷，
古代魯蛇的人生堅強講義

敏鎬的黑特事務所　著

推薦序

敏鎬體古文新解上線啦！

祁立峰

這幾年來古文新解蔚然成風，包括我自己在內，當眞有好幾本以鄉民語言、流行時事重新翻轉古代經典與國文課綱的著作。而「敏鎬的黑特事務所」這粉專，大概是古文普及社群裡最惡搞的一體，我就跟衆鄉民一樣都讀過他那些瘋轉的腐腐神文，關於蘇東坡和王安石，子路和孔子，那些若有似無的淡淡情感和蛋蛋哀傷。

我們常說歷史求眞，文學求美，但社群媒體聲量決勝的年代，惡搞戲謔的歪讀，有時候或許不盡然符合傳統的解釋，也未必是最正確的理解，但不可否認它都是一個重新閱讀經典、賦予古籍新變的契機。在《人生自古誰不廢》書中，從孔子孟子莊子、屈原而到竹林七賢，從韓愈柳宗元蘇東坡到《聊齋志異》，這些只要讀過中學國文都耳熟能詳的古人們全成了渣渣廢廢，他們講幹話、發廢文，遭遇了所謂要廢厭世的悲摧事，也擁有傲嬌易碎的玻璃心。

大家都說「文白之爭」後反而造成古文風靡流行，過去課本有時對古聖先賢推之過重，於是乎難免有反作用力一派，對古文苛之過重。擁文言文派將對方視爲拆牆毀磚之舉；而廢文言派則稱對方爲抱殘守缺之學。只是從更迢遠的歷史縱深來看，這種復古與針鋒，漢代今古經學爭過，唐代古文運動也爭過。似乎不必急著喊「葛格母湯喔」，因爲這不過是正常能量釋放罷了。

但許多古人與古文確實沒那麼嚴肅，沒所謂文以載道，更遑論黨國枷鎖。敏鎬介紹的這些廢文那些蠢事，這些欲說還休、寄比興於戲謔，託眞心於嘴豪的文章，其實陰錯陽差敲擊中了奉古文爲圭臬者所忽略的某一個、或許誤讀卻不失考據與同理的側面。

於是我遠遠眺望著敏鎬的這些離經叛道、驚世駭俗的文章，雙頰羞紅了起來。一瞬間，整個世界萬籟無聲，只剩下寫滿了古文的線裝書紙頁被歷史的風一頁頁翻動著。（#幹嘛學人家敏鎬體啦）（#被拖出去）。

（本文作者爲《讀古文撞到鄉民》作者）

推薦序

讓人「笑著笑著就哭了」

厭世哲學家

我不認識敏鎬，所以當編輯部跟我說敏鎬還是學生時，我眞的嚇了一跳，因爲敏鎬對古文的掌握十分嫻熟，已經到了運用自如、妙語紛呈的程度，連很多中文系的畢業生都比不上。其實，我已經追蹤敏鎬的粉絲專頁一陣子了，發現這個小子竟然眞有「後來居上」的姿態，寫古人的文章寫得十分到位，儼然是要來跟我們這些國文老師搶飯碗的，而且他用的譬喻或「哏」更貼近年輕人。比如敏鎬說韓愈是「聖粉」，意思是「聖人的粉絲」，而時下有很多年輕人也是「聖粉」，但卻是「聖結石的粉絲」；把韓愈比擬爲「聖粉」，雖然會導致「非三代兩漢之書不敢觀，非聖人之志不敢存」的莊嚴氣魄頓時破滅，但一方面也不得不說這個比喻眞的很傳神，畢竟只要是人，就會有崇拜的對象：現在的年輕人是聖結石的腦殘粉，韓愈則是聖人的腦殘粉，這個邏輯是一致的。（呃，難怪韓愈當時會被大眾視爲「狂人」，畢竟當「聖粉」眞的是太潮太狂了令人有點難以理解……）

在這本書中，這種傳神又有「哏」的比喻俯拾皆是，時常令人會心一笑，我就不在推薦序中破哏了，就請各位讀者親自體會這種閱讀樂趣吧。我在這邊要特別提出來討論的是這本書的另一個特點，那就是會令人「笑著笑著就哭了」……

現在網路上有很多名人、作家特別喜歡在解讀古文的時候刻意降低古文的層次，好像把古人都當成廢物，跟現代網友一樣喜歡整天發廢文，沒有什麼特別的價值——說實話，這種行為總是令我感到厭煩。無論這些人是出於譁衆取寵的心態，或是他們眞心這麼認爲，這種閱讀態度除了增長現代人的傲慢與無知之外，並沒有讓我們學到更多東西，也不會讓我們變得更有智慧。我常常覺得，閱讀古文（無論是文學性或思想性的讀本）其實是一種心靈的鍛鍊，考驗讀者如何在完全不同的時空背景之下，恢復古文的情境脈絡、去貼近一個古人的心靈；如果能抱著這樣的態度閱讀，不僅會大幅增長我們的同理心，也能體會古人所堅持的生命價值是什麼，進而反思當代的價值觀，變得比較不那麼隨波逐流、人云亦云，活得更加清醒而眞實。

表面上看起來，敏鎬這本書好像也很喜歡把古人說成廢物、整天發廢文之類的，但這其實是想先抹除一般世人對古人的盲目崇拜心理，把他們還原成一個一個活生生的「凡人」——原來古人不僅會說幹話、會嗆人、會厭世、會耍廢，甚至也有被「邊緣」的時候。正因爲古人跟我們「都一樣」，遭遇挫折的時候會痛，被邊緣的時候會感到寂寞，有時候也會變得軟弱、想要逃避，所以他們對一己生命價值的堅持才更令人感到震撼。若不明白這一點，那麼孟子「息邪說，距詖行，放淫辭」的氣魄、孔子「不患人之不己知」的情懷、屈原

「雖九死其猶未悔」的堅貞，又怎會如此感動人心？

《人生自古誰不廢》這本書的看點就在這裡。雖然表面上是一本輕鬆、好笑的書，但敏鎬眞正要傳達的，其實是「感動」。趕快翻閱本書，從第一篇開始閱讀吧，想必這本書會讓你重新認識古人，發現他們的可愛，以及令人敬佩之處。

（本文作者爲現職高中國文教師）

自序

來點盞「廢青光明燈」吧！

不知道大家有沒有去廟裡點過「光明燈」？

光明燈是一種大家耳熟能詳的宗教儀式，據說有消災解厄的功效，而我每逢犯太歲的年份，就會去廟裡點盞燈。

有沒有消災解厄我不知道，但看著燈火亮起，心裡自然踏實很多。

但等長大後才發現，廟裡的太歲，每幾年才犯一次，而人生大概是無時無刻都在犯太歲。

我曾聽一個朋友提過「廢物青年」這個詞。

對事物無奈、對人生失望、每天只是渾渾噩噩地過日子，夢想似乎也變成毫無價值的人生成本。

後來想想，理由其實很無奈。

成長的衝擊、社會的變化、對舊價值觀的不予認同（還有討厭的人出沒）……

老實說，這些因素都讓人無法燃起對生活的熱情，而甘願成爲廢物。

說到底，就是人生很幹。

「敏鎬，這本書想要把剛畢業的大學生、高中生當成主要讀者。」一開始開會時，編輯曾跟我這麼說過。

「好。」我一口答應。

幾個月後，稿件截稿日到了。

「敏鎬，我們想要能激勵人心的文章，你寫這什麼鬼東西？」編輯一臉無奈（編輯表示：我眞的沒說過這種話）。

「反正都要畢業，乾脆讓他們一起從美好的人生畢業好了。」

這就是這本書的起源。

其實一開始會寫古文系列眞的是個意外。

本來只想談談時事、聊聊文白之爭，隨手寫篇「廢文」來紓解壓力。

而在一個偶然下，「古文廢文」系列就這樣開始了。

這種意念也成了我那陣子的創作主題。

我本來就不太喜歡嚴肅的東西，生性又愛嘲諷社會，理所當然，我的古文摘錄大部分都是用搞笑的筆法去寫作，搞笑中卻又帶著滿滿的惡意跟嘲諷。

「文章跟本人一樣糟糕啊。」每次看完文章，我都為自己的惡劣不斷搖頭。

在「嘲諷至上」的方針引導下，孟子便成了我第一位訪問嘉賓。

說是嘉賓，其實也不太對，因為孟子老師還是來教人的，但不是教我們如何復興王道，而是如何「打嘴砲」。這本書的其他來賓也一樣，韓愈教大家怎麼不屈不撓地吵架；屈原教大家怎麼撩妹，然後華麗地失敗；《世說》教大家怎麼當薪水小偷；《聊齋》教重考肥宅怎麼解悶……

「敏鎬，你是不是一直教壞我們家小孩啊？」

「放心啦，你家小孩本來就壞了，不會更糟。」

跟被寵壞的孩子一樣，人類本來就有種壞習慣，就是會不斷重複錯誤。你現在做過的低能事，請放心，古人也都做過；換句話說，你擁有的苦悶，古人都曾為之嘆息。

「人類好像都沒什麼進步呢。」一想到這裡，心中不禁湧現濃濃的厭世感。

「很煩的中二、貶官魯蛇、酗酒公務員、浪漫的流浪漢、被嘲諷的萬年考生……」這本書所要談的人物，都是曾被這個世界視爲「廢物」的人。

但這些人背後所要傳達的人生目的跟思想，對於讓我們了解自己堅持什麼、人生到底要什麼，卻很有幫助。

像一盞光明燈，很渺小，但多少能照亮眼前的路。

讀這本書時，千萬不要用以前的視角去讀。原因一方面是因爲我很討厭吹捧古人，而另一部分則是因爲書裡充斥我滿滿的「幹話」跟「崩壞」的人生觀。

「敏鎬，眞的是一直在教壞小孩呢。」

好啦，縱然整本書傳達著「奇妙」的氣氛，但我們基於「散播歡樂散播愛」的理念，還是要告訴大家，即使古人有著很「奇妙」的另一面，我們仍可以從中學到一些人生小撇步。

不過是好是壞我不敢保證啦。

最後，要感謝我的家人、究竟出版社的各位編輯跟協助過我的所有人，這本書才得以完成。

「敏鎬，你好像想說什麼。」

「我比較想感謝在我寫稿時陪我聊天的學妹。」

「可是人家有男朋友了。」

「當我沒說過，謝謝。」

欸欸，會不會有人看完〈自序〉就跑去投訴我啊？

PART 1 江湖險惡，防身就靠嘴砲技

PART 2 人生無奈，連當個好人都很難

PART 3 世事無常，只求一點小確幸

PART 4 我魯我驕傲，做邊緣人超潮的

PART 1

江湖險惡，防身就靠嘴砲技

為嘴砲而生的男人

「孟同學，你這裡寫從小立志當聖人，
真的嗎？」

「對，教授，所以我從小就是聖粉。」

——三十五歲的孟軻同學報考的是中文系。

——興趣是課餘時在批踢踢嘴砲版友刷存在感。

——因爲嘴砲內容太好笑，據說有當直播主的打算。

嘴砲這件事

「嘴砲者，專使口而無助事也。亦指信口以廢言詈罵他人也。」——《敏鎬大辭典》

「嘴砲」這個詞，最初就是由儒家定義的。

中國的「嘴砲文化」博大精深，從古早時期的《詩經》小嘴小怨（標榜溫柔敦厚），到後來百家爭鳴、大家一起亂嘴亂戰（很凶），都恰恰表現了先賢先烈對嘴砲技術的堅持和昇華等美德。

至於儒家，一直都是炮火的中心；或者說，它一直都是開第一炮的人。

從戰國時期群雄並起，儒家掃平諸雄，統一天下幾百年；到後來跨國企業佛教跑來踩地盤，儒家力抗「蠻夷」，志在「道濟天下之溺」。最後戲棚下站久，終於修成正果，成為官方唯一認證，同時，也成為古代所有考生揮之不去的惡夢。

總而言之，可以說中國文化有多久，儒家就存活了多久。

但事實上，因為儒家長久以來就有某個習慣——「捍衛道統」，所以也同時印證了另一句話：

「儒家有多久，嘴砲就有多久。」

不過所有人一直都誤會一件事：

大家都以爲儒家的名聲是南宋時才被神手朱熹弄臭的。

事實不然，因爲雖然朱熹是橫空出世的天才（某方面來說），而且講幹話的能力強到能變成官方參考書，但從嘴砲技術和歷史來看，他仍遠遠比不上某人。

至於那個人，一直都是朱熹的偶像，對所有背過他文章的人來說，他是幹話界的始祖；對後世提倡道統的人，他則是嘴砲界的教科書。

「予豈好辯哉？吾不得已也。」（我眞的不是故意要嘴砲，全都是你們逼我的！）

鄒國有個小孩叫阿軻

孟子，本名孟軻，鄒國人

年齡：四十歲

經歷：鄒國公務員，後成無照教師

師承：子思的弟子（孔伋，字子思，孔子的孫子）
個性：很喜歡起爭議、吵架
興趣：捍衛儒家、自稱孔子繼承人

以上是孟子在周遊列國前的簡歷。

「蛤？就只有這樣？」

對，比起孔子曾任中都宰（地方首長）、司空（營建部長）、司寇（法務部長）的精采履歷，孟子這份履歷眞的薄到吹口氣就能飛走。

而且履歷上也不能寫什麼孟母三遷之類的故事，所以只能標標出身跟經歷。

老實說，阿軻本人的出身是眞的不怎麼樣。

雖然一樣是沒落貴族，但阿軻跟他偶像孔子大概差了十條街。

不但官做不大，家裡也窮得很，而且「鄒」這小國可說是強敵環伺；公司朝不保夕，員工也可以說是前途無「亮」。

不過可以這麼說：正因爲什麼都沒有，阿軻才明白自己擁有什麼。

而這也是讓他成爲傳說的理由之一。

在這之後，阿軻將讓這份薄到透光的履歷上的每個字都給鍍得金光閃閃。

「我是孔子的孫子的學生的學生。」（予私淑諸人也。）

「我是儒家的繼承人。」（以承三聖者。）

「拯救這個世界，除了我還有誰有資格！」（如欲平治天下，當今之世，舍我其誰也？）

這種心態，將伴隨著阿軻走過他剩下的人生。

也將讓後世誕生一個詞，一個讓後世起了幾千年爭議的詞。

那就是「道統」。

最強流浪傳說

按照規矩，凡是自稱聖人的，都要有一趟畢業旅行。旅行範圍，就是被戰火蹂躪不堪的中原土地；而旅行時的固定業務，就是要拯救世界。

孟子的畢業旅行其實比孔子順利得多。孔子在宋國被追殺、在陳蔡「被」絕食；到了楚國，靠著史上最強弟子子貢，才終於能喘口氣。

但孟子不是。

「有實力的人不要怕闖蕩，總有一天會熬出頭。」

這是一句《心靈雞湯》裡的話，通常有九成九都是唬爛，但它真的在孟子身上應驗了。

以下是孟子出社會（周遊列國）後的履歷：

魏國：「上卿，老闆梁惠王。」

滕國：「帝師，老闆滕文公。」

齊國：「客卿，老闆齊宣王，加送兼金①一百，市中心住宅一幢、俸祿一萬鍾。」

怎麼樣，嚇到了吧。

當孔子還在被追殺（不用懷疑，你把《論語》書名遮起來的話，可以改成《孔子大逃殺》）、在宋國被鄉民亂酸（成語「喪家之犬」的由來）、在路邊被鄉民勸轉行（長沮桀溺其實人還不錯）、在楚國被無業遊民嗆（不用我說，就是接輿）時，孟子的年薪已經不知道

① 質量很好的金子，價值比金高出數倍，故稱「兼金」。

贏孔聖人幾百倍了（這眞的很威，孔子你爲什麼不跳河）。

孟子眞的是奇葩中的奇葩。

「請問阿軻，能問問你坐擁超高年薪的祕訣嗎？」

「……」

如果熟讀《孟子》，你就會發現：阿軻眞是個了不起的人物。

孟子的職場生存法則

孟子其實換過很多老闆。

這些老闆裡，有些很有錢，但遇到事眞的只會砸錢處理（如：齊宣王）；有些只是中小企業，整天怕被隔壁跨國企業併購（如：滕文公）；有些對考績很重視，整天問你業績有沒有到（如：梁惠王）。

但孟子都能如魚得水，在一片刀光劍影中屹立不搖。

他沒有背景、沒有本錢。但讀完《孟子》後，你會發現，這全憑嘴砲。

孟子打嘴砲有固定招式，而在嘴砲中，爲了讓明顯智商不足的國君能明白，阿軻通常都會加上可愛小故事去比喻（雖然通常也只會變得更模糊），以致不小心在眾多小朋友心中留下「我很囉唆」之類的不良印象（小故事篇幅畢竟很長）。以下就稍微介紹一下孟子的嘴砲招式：

一、超次元切割

這招算是孟子很常用的招式，以下我們舉個例子：

燕國內亂，齊宣王派人問孟子能不能去打燕國占便宜。（燕可伐與？）

孟子：「喔，好喔。」（可。）

後來齊國打爆燕國，在燕國燒殺擄掠後，有人跑來嘴孟子：

「欸欸你之前是不是有勸齊國攻打燕國？」（勸齊伐燕，有諸？）

「沒有啊。」（未也。）

等等阿軻，話不是這樣講的吧。

「沒有啊，我是說，要『有德之人』才能打，是你沒聽完。」

「……」

然後孟子看見對方一臉無言，又補了一句：

「如果今天有人問我能不能殺人？我一定說可以啊！」

「你公三小②？」

「就司法官可以殺人嘛！司法力量制裁他，誰都沒有意見了吼。」

「……」

「所以兩國一樣亂，齊國打燕國等於燕國打齊國，大家扯平不用勸，呵呵。」

「……」

這個嘛，阿軻，首先人家請你來是當政治顧問的。而且連隔壁幼稚園小朋友都知道，齊國軍隊跑來燕國百分之兩百不是爲了郊遊野餐，這種人命關天的事你也能說一半？然後等事情發生之後再來解釋跟補充，擺明是想事後切割嘛！

這轉彎，我不行。

但老闆可以。

二、講幹話

「幹話者，聞之似有物，而後思見其空乏無物者也。」——《敏鎬大辭典》

「敏鎬，說中文。」

「喔，就是你在公三小。」

通常啦，這種話的特徵就是聽起來貌似經過推論或結構嚴謹，但理解後會發現內容極度空洞且缺乏邏輯常識，然後對現實一點用也沒有。

但這招非常厲害，孟子也很常用，主要是用來應付國君（老闆不能直接嘴）。我們還是來進個範例：

②公三小，意指：「你在說什麼鬼話？」出處有二，甲說是指春秋時代晏嬰「二桃殺三士」之計，除去三個禍患，讓齊景公地位提升，故稱「公三小」。乙說則認為此語為臺語，「公」是「說、講」、「三」是「啥」，「小」是指一種神祕體液。總之，三字連說便帶有挑釁跟嗆聲意味。不用猜了，答案是乙說，甲說是我亂掰的。

有一天，滕文公（前述中小企業老闆）把孟子叫來辦公室。
「師傅啊，滕國夾在齊、楚之間，我好怕亡國，怎麼辦？」
孟子眼睛轉了轉，直接答道：
「其實這個問題不是我能解決的，不過我想你可以築個牆、守個城啦。」
這還要你說。公園阿伯都會，請你來幹嘛？
過幾天，滕文公滿眼血絲地問孟子：
「師傅，齊國要在我們邊界築城了，好像要亡國了，怎麼辦？」
孟子咬了咬下唇。
「其實一個國家的建立是看天命啦，如果你修德行善，你兒子孫子一定會稱王啦！」
「所以滕國保得住嗎？」
「不知道，看天命。」

阿軻，都收人家錢了，不要這樣好嗎。
文公啊，你是中了「相信我之術」嗎？（順帶一提，滕文公是孟子腦粉③。）
基本上，這種話跟某國前政要曾說：「一個便當吃不飽，你不會吃兩個嗎？」（廢話！我就是沒錢買飯才會跟你靠腰啊）還有《心靈雞湯》裡常見的「不要怕，生命會找到自己的出路」（廢話，我就是迷路所以才問你）沒什麼兩樣。

但孟子這種話不僅說得多，還很對各國老闆口味。有開口，就有人買單，同時也吸引無數腦粉護航（例如後世的南宋朱熹朱聖人，護航等級無下限）。

朱熹注：「人君但當竭力於其所當為，不可徼幸（即「僥倖」）於其所難必。」

白話翻譯：「老滕，你認了吧。」

我也認了。

孟子這個人

但其實孟子本人並不討喜。

比起他的偶像孔子，孔丘他老人家的形象是：「望之儼然，即之也溫，聽其言也厲。」

③「腦殘粉」的略稱。意思是這粉絲不但死忠，而且腦殘。

然後心地善良、喜歡救濟貧苦鄉民（例如原憲）、還會關懷視障人士，十足暖男（師冕見，及階，子曰：「階也。」）再加上一把大鬍子，根本古代版聖誕老人。

而孟子對禮節相當重視，脾氣又大，老是給人臉色看。所以在《孟子》裡，常常會看見國君找孟子討論事情，但孟子要嘛給閉門羹，不然就是已讀不回。

齊宣王派人來召孟子上朝。

但孟子不去，過沒多久，跑去外面別人家裡弔喪。

齊宣王聽說後，便問：「先生你怎麼不見我？」

孟子冷冷地說：「你有聽過請賢人是這種禮節嗎？」

不過孟子在國君眼裡還是十分吃得開，一部分是因爲名氣，一部分則是虛榮。

所以國君基於愛才之類的考量，盡量睜一隻眼、閉一隻眼。

孟子對徒弟也相當嚴格。門徒樂正子出公差來到齊國，想說先住下來，晚點再拜訪老師，就這樣睡了。

過兩天他來看孟子，孟子劈頭第一句便是：「你還敢來見我？」

樂正子嚇壞了，趕忙問老師發生什麼事。

孟子冷笑：「你來齊國都三天了，有聽過先安頓再來拜見長者的喔？」
樂正子無話可說，只好馬上道歉讓老師消氣。
而孟子因爲嘴砲功力了得，後來修煉成精時，進化成連老闆都能嘴。

小劇場一：齊國

「大王，如果有一天你的大臣拋家棄子出國玩，該怎麼辦？」孟子問。
「廢話當然辭掉他。」齊宣王說。
「主管不能管好部下呢？」
「罷免他。」
「那國家不能治理好呢？」
「先別談這個，有人找我。」（王顧左右而言他。）

小劇場二：梁國

「我覺得我治國治理得不錯。」梁惠王說道。

「您想問些什麼？」
「前年旱災我處理得很好，但人民好像沒有增加，怎麼回事？」
「有個故事啦，兩個士兵逃跑，一個跑一半，一個跑全程，哪個比較爛？」
「都很爛。先生你是什麼意思？」
「我覺得啦，你一直發動戰爭，然後一直死人，鬼才會想來啦！」
「……」

小劇場三：鄒國

鄒國跟魯國相鬥，鄒國死了不少人。
「乾④！我家官員戰死一堆，然後百姓也不幫忙，看了就氣！」鄒穆公說。
「那你要怎麼辦？」
「殺也殺不完，可是不殺我又很賭爛。」
孟子清清喉嚨：
「我的觀察啦！事出必有因，一定是你平常做人失敗，人民不爽你。你回去檢討自己，搞不好還有救。」

「……」

這才是人生的巔峰啊。

我，看見神了。

眞．戰國無雙

但在職場上，光會應付老闆是沒有用的。因爲除了內憂，你還會有外患。

長江後浪推前浪，在戰國時代，缺錢缺糧，但最不缺的就是人才，後起之秀蜂擁而至，孟子的對手更是多如牛毛，有幾個甚至是不世出的武林高手。

眼看儒家這塊老招牌快在自己手中砸掉了，孟子咬了咬唇，做出了一個決定。

「我亦欲正人心，息邪說，距詖行，放淫辭，以承三聖者。」

④當人們因對現實不滿，而感到內心乾枯時，便會發出一聲「乾」為發語詞，以表示不平。

白話翻譯：「老子要嘴爆你們這些冒牌貨。」

所以《孟子》這本書，可以分成上下兩卷，上卷被稱爲《幹話王語錄》，用來應付老闆九成九吃得開，可當成立身之本。

而下卷就是凶惡無比、　孟子老師（挪抬一格以示尊敬）濃縮畢生打嘴砲身經百戰而不倒的精髓，窮盡畢生之力寫成的《嘴砲帝的養成》。

在這本祕笈裡，孟子老師根本是戰績輝煌，而列在擊墜榜上之人，無不鼎鼎大名，學說也都是風行一時，可以說：能被嘴都是一種光榮（那些沒沒無聞的小學說，我們孟老師還沒興趣嘴）。

以下我們列出孟子的擊墜榜，讓大家見識見識：

第一戰：孟子VS楊朱

楊朱學派的主張是「爲我」，也就是我不去干涉世界，世界也別來亂我。依照老楊的理論，在大家喜歡彼此干涉占便宜的戰亂時期，只要大家都來「爲我」這套，天下太平就指日可待。

而老楊還有句名言流傳後世：「不拔一毛以利天下。」（酷！）

總之，這基本上是道家「清靜無爲」的支派，但因爲立論新穎，再加上大家對於被干涉太久覺得煩，很快變成了最火紅的學派。（天下之言，不歸楊，則歸墨。）

孟子有點不開心：你這不是明白砸了我大儒家的招牌嗎？

秉著道統清潔隊的本能，孟子開始嘴了：

「楊氏爲我，是無君也；墨氏兼愛，是無父也。無父無君，是禽獸也。」

嘴上老是掛著爲自己好。那老闆呢？你把公司放哪裡？就是有你這種人，社會才不會進步！

「不尊重老闆的員工，根本畜生！」（人身攻擊！）

第二戰：孟子 VS 墨翟 Round 1

前面提過，跟老楊同時期最火紅的學說就是墨翟的墨家。

比起老楊利己主義掛帥的「爲我」學說，墨家根本天生跟老孟的儒家不對盤。

墨家主張「兼愛」（無差別的愛），但儒家的愛有差別。

墨家主張「薄葬」，但儒家主張「厚葬」（一切按規矩來，禮儀爲主，然後很花錢）。

墨家主張「交相利」，一切以利爲主，但在孟子這個有道德潔癖的人眼中，這根本是跑來砸場的。（何必曰利！）

於是一場大戰開始了。

孟子的起手式並不留情，直接開噴：「墨氏兼愛，是無父也。無父無君，是禽獸也。」我說啊，阿軻，攻擊人可以、罵人家禽獸也行，但不要攻擊人家爸爸媽媽好嗎？（這招眞的不行。）

但墨家不是像老楊總是一副無所謂的樣子，他們反擊了。

反擊的點很多，像是儒家過於奢侈、很愛聽音樂（儒家說有陶冶性情之效，墨家說你豪小⑤）；然後批評禮樂制度很智障，根本沒必要。但這些都還好，墨家說了一句：

「問所以爲之若之何也。不以人之所不智告人，以所智告之。」

白話翻譯：「你們儒家都在講幹話唬弄人。」

「是可忍，孰不可忍！」

第三戰：孟子VS墨翟（由門徒夷之代理）Round 2

雖然反擊是孟子意料中事，但會被戳到痛點實屬意外，所以這次孟子找上了墨家門徒夷之，準備好好教訓這些毛沒長齊的小鬼。

這次辯論的主題是「愛」，對夷之來說，這並不是什麼新奇的事。因為「兼愛」被戰早就是家常便飯，被找麻煩也有固定SOP，不緊張。

但孟子切入的點並不是「普通」的「愛有差別」。

而是「薄葬問題」。

「夷之啊，聽說你把父母厚葬了，你不是一直標榜薄葬最高⑥嗎？」

「沒什麼，我愛所有人都一樣，只是從父母開始而已。」

孟子聽完，微微笑了一下。

「對啦，你把你爸媽都當一般人嘛！」

「既然都是一般人，幹嘛要從父母開始？」

「道路旁有亂丟的屍體；所以可以把父母隨便亂丟嗎？」

「你良心不會不安嗎？」（嚴重懷疑情緒勒索。）

夷子曰：「命之矣。」（我錯了，拜託你不要說了。）

---

⑤ 意指誇大、吹牛、亂講、胡扯。

⑥ 最高，指日文的さいこう（saikou），意思是最好、最棒的。

第四戰：孟子VS淳于髡 Round 1

孟子在齊國，除了跟齊宣王講講小故事外，也遇到了一個始料未及的高手。

那個人便是齊國第一嘴砲帝淳于髡（音「坤」）。

早在齊威王時期，淳于髡就是齊國家喻戶曉的人物。

理由很簡單，因為他為人機智，而且口才非常好，再加上他擔任齊國外交官時，面對其他大國給的難題，幾乎每次都靠嘴砲打贏對手，地位可說是嘴砲界中的「東方不敗」。

而且他跟孟子一樣，都很愛用小故事比喻，這點讓孟子感到威脅，畢竟小故事引導是自己愛用的招式。

果然沒多久，淳于髡便找上門來。

「先生，男女授受不親，有這件事嗎？」

「有，是基於『禮』。」孟子採取守勢。

「那嫂嫂掉進水裡呢？可以用手救嗎？」

「不救根本畜生。雖然不合禮，但算是權宜之計。」

「那天下人如陷水火，先生為何還不出手救他們？」淳于髡笑道。

孟子第一次無言了（以前遇上墨家也沒這樣）。

過了許久，孟子只回了一句：「天下溺，援之以道；嫂溺，援之以手。子欲手援天下乎？」（救天下要用道，才不是用手。）

淳于髡笑了，這一回，勝負已分。

第五戰：孟子VS景春

景春是縱橫家的人，在那個時代，以儒、墨、道三派人最多；但論質量最高的，便不得不提縱橫家。該派不只專攻嘴砲之術，還擅長心理戰、國際外交、政治分析。更可怕的是，對於談判桌上的一切，他們可說是毫不留情、為達目的，連道德操守都可以不要。

看看畢業學長就知道：蘇秦（六國宰相，合縱政策讓秦國怕怕）、張儀（秦國宰相，連橫政策玩垮六國）、公孫衍（搞五國相王⑦活動反秦，讓秦國很不開心）。

這一派真的很可怕。

但我們孟老師不是吃素的，看見景春這小子來找碴，當然是直接開戰：

---

⑦五國相王，比起合縱連橫，這個知名度較低，總之就是公孫衍說服魏、韓、趙等五國聯盟，一起對抗秦國東擴。

景春開口便是：

「公孫衍、張儀豈不誠大丈夫哉！一怒而諸侯懼，安居而天下熄。」（我們縱橫家就是狂！各國君王好像很囂張，但還不是在我們掌心裡！）

孟子喝了口水，斜眼看了看，隨即開口：

「以順為正者，妾婦之道也。」（你們都是一群娘砲。）

「……」

偶像，就是要秒殺。

第六戰：孟子VS許行

許行是農家的人，主張是「聖王也應該跟人民一起耕作」。（對啦我知道這個學說很低能。）

而且也有獨特的一套經濟學，主張只要東西長短大小一樣，價格也一樣，就能徹底消除市場弊病；而且國家不應該擁有國庫、倉庫來積蓄財貨，這樣會讓農民不開心。

「……」

對於這種低等對手，孟子老師也沒花太大功夫。

「問你喔，許行的帽子、鐵犁是自己做的嗎？」
「沒耶，我們種田換的。」
「幹嘛不一起做？」
「我們不會。」
「那一邊治國一邊種田就沒事喔？」
「可是啊，照許老師說的，這樣我們在市場上就不會被騙了耶。」
「低能！照你這樣說，大家都只做大鞋、不做小鞋，然後品質都很爛，誰肯做啊？」
（你這種貨色，去哪裡都會被騙。）

第七戰：孟子 VS 淳于髡 Round 2

因爲對齊王失望，孟子準備辭職離開齊國。
但離開前，老對手淳于髡找上門來。
「先生還沒救國就要走啦？仁者都是這樣呀！」淳于髡挑釁說。
這次孟子並沒有直接反擊，而是淡淡說了一句：
「伯夷（不仕）、伊尹（任官）、柳下惠（任官）三人行爲雖不同，但志向都一樣。」

淳于髡不肯罷手，隨即接口：「子思等賢臣在魯國任職，但魯國還是這麼魯。賢人對國家根本沒幫助嘛！」

嗯，連祖師爺都可以拿出來講。騎到頭上了呢，阿髡。

「虞公跟秦穆公兩個人差在有沒有聽百里奚的話，一個亡國，一個興國，你說賢人重不重要？」孟子冷笑。

「但有才的人一定會表現出來。我沒看到賢人，如果有我一定知道！」

淳于髡有點慌，沒發現自己已落入圈套。

「孔子要走，大家以爲是因爲沒拿到祭肉，但事實上是禮儀問題。」（我要走大家以爲是我生氣，實際是我對你們這群廢物絕望。）

「君子之所爲，衆人固不識也。」（我們的格調跟你不一樣，俗人。）

語畢，孟子帶著滿足的笑容，背起行囊，留下一臉惘然的淳于髡。

先別提這個了，你有聽過仁義嗎？

其實在孟子心中，仍有一塊小小的堅持。

那就是「理想」。

這是當年鄒國那個一窮二白的小公務員掌心裡，唯一緊緊握著的寶貝。

但理想像是一塊河石，在河裡沖久了，並不會並得更加璀璨，而是會越磨越圓，越磨越小，到最後就不見了。

孟子一直不願他手中那塊小小的鵝卵石消失。

所以他到哪裡，都用自己的方式去實踐理想。

到了魏國，梁惠王劈頭就問：

「你要做什麼事情來讓我們得利？」（亦將有以利吾國乎？）

孟子不發一語，他很想說有，但不行。因爲雖然說出來會容易很多，但他老師沒有教，他心中的那一塊也沒有想過。所以他想了一想，還是平靜說道：

「王何必曰利？亦有仁義而已矣！」

「仁義啊！」

梁惠王不發一語，偌大宮殿裡只能聽見左右的細細笑聲。

滯銷貨就是滯銷貨，不會因爲你多卑微就會有人買。

到了滕國，他遇上了滕文公，一個懂得他理想的君王——一個年輕，但卻同樣對治國懷有熱情的人。

滕文公在當儲君時就認識孟子，並對他口中的「王道」很感興趣，而孟子也想將他的理想播撒在滕國的小小都城裡。

但現實是殘酷的。

滕國地小國弱，在強敵環伺下，根本沒有喘息空間，更別提能讓兩人的小小理想生長、茁壯的地盤。

孟子看清楚這點，但他無能為力；任何人在這個時代都無能為力。

看著這個拜他為師的年輕國君，他比誰都還心痛。

但為了實踐理想，他不得不離開他們。

滕文公也只能目送老師離開。

七年後，滕文公去世。

其子即位，為滕元公。西元前二九六年，滕國為宋所滅。

來到齊國，孟子也用他的方式去推銷他的「仁義」。

齊宣王並不把孟子放在心上，因為他明白，要讓齊國強大，只有靠「富國強兵」而已，因為他父親齊威王是這樣，現實也是這樣。

一個只會整天碎念仁義的迂腐老頭能成什麼事，但他還是耐著性子聽孟子說教。

另一方面，孟子也清楚認識到現實跟理想的差距，所以他一直降低自己心中聖王的等級，想讓眼前的人至少能沾上一點聖王的邊——在不放掉手中那塊小石頭的前提下。

所以在齊宣王的標準下，聖王成了這德行：

看見祭祀的牛於心不忍，就有資格成爲聖王。

能跟人民一起同歡共樂，就有資格成爲聖王。

愛財貨但能顧及天下者，就有資格成爲聖王。

這是一種妥協，也是一種進化。

雖然總是用很笨拙的手法，但孟子用自己的方式改變了世界，因爲他提醒了世人：聖人，也是人。

聖王彷彿已經不再是模糊的產物，而人人皆可成爲堯舜。

至少在孟子心中，堯舜早已走下神壇，抱起了跌倒在地的孩子。

喧囂的落幕

離開齊國後，落寞的孟子去了宋國、薛國，但也得到一樣的回應。有的是不明白「仁義」價值的人，但更多的是讓他想起滕國在他離開後滅亡的悲哀。

「這就是仲尼最後看到的風景嗎？」年老的孟子在魯國草原上看著秋風掀起一陣陣褐浪。陽光耀眼而毒辣，落在這個不匹配此般風景的老人身上。

「老師！」一聲年輕的呼喊將孟子喚回現實。

「是阿克啊！」孟子喃喃道。（樂正子，名克，時任魯國大夫。）

樂正子緩緩走向前，一副飽經滄桑的姿態，讓孟子想不起他當年挨罵的模樣。

「老師，魯君不是故意不見您，只是有個小人阻撓……」

孟子揮了揮手，讓樂正子嘴裡的話又吞了回去。

「算了吧！一切都是天意。」他看著褐浪在風中塌毀。

也許聖人真的要承受比他人更多的痛苦。

不是身體病痛、不是刀劍折磨，而是理想一次次破滅的難受。

「民爲貴，社稷次之，君爲輕。」

這句話很尖銳，將封建的虛僞面具刮得不堪入目。

但沒人敢說，只有像烏鴉一樣的孟軻會講，然後被討厭。

自己畢生爲了想捍衛的事物奮鬥，被嘲笑、謾罵、攻擊，甚至被冠上好辯、迂腐的頭銜，但這些他都忍了；曾經成爲諸侯座上賓，有著高官厚祿、良屋千金，還有夢想中的安逸生活，但是這一切，他都放手了；忍受一次次夢想破滅，看著仁義成爲過時的笑話，甚至目睹戰爭蹂躪著他理想的一切，但他仍握緊手中的小石子，一塊價值連城的寶貝。

也許我們會被海浪沖刷成另一個人，但永遠不要忘記，自己當初爲什麼出海。

「富貴不能淫，貧賤不能移，威武不能屈，此之謂大丈夫。」——《孟子．滕文公下》

韓愈的貶官馬拉松

「韓同學，你可以稍微示範第二外語嗎？」

「嘶、嘶、嘶！」

——四十五歲的韓愈同學報考的是政治系。

——興趣是維護道統跟教訓亂坐博愛座的屁孩。

——在潮州跟鱷魚吵架，結果不小心學會爬說語。

在中國古代，刑罰這東西一直都是花樣無窮、創意無限的，模式可以從要割什麼地方（肉刑，從鼻子耳朵五官，到手腳，甚至是司馬遷的某方面），到輔以器具增進情趣（炮烙、車裂等），後來走火入魔，連你怎麼死、花多久死都有計較（凌遲）。

不過有一種刑，是可以不用割東西也可以不用死的。

「眞假，敏鎬，有這麼好的事？」

「對啊，因爲你有可能比死更難受。」

流刑，一種被古人視爲洪水猛獸的刑罰。

基本上被宣告後，光看地點就可以知道自己的命運了。

要知道，古人沒有高鐵或飛機能坐，基本上只有騎馬或走路，一去沒個幾十年一定回不來；邊疆衛生環境也一定比你家附近公園的廁所還髒（我從來沒上過），還沒有勞健保。基本上，一旦被發配邊疆，大概鬼門關也走一半了。

「獨上高樓望帝京，鳥飛猶是半年程。」（唐．李德裕《登崖州城作》）

白話翻譯：「媽啊！這裡超遠的，陛下救我啊！」

感受到那種恐懼了嗎？

但越恐怖的東西，往往吸引越多人加入，這也讓「貶官馬拉松」成爲一項文官必備運動，和「A錢」（從有文字以來）及「屠殺」（從有人以來）並稱三大優良傳統之一。

好了，比賽宗旨說完了，選手差不多也登錄完畢了。

讓我們歡迎一號選手：韓愈韓退之同學。

天才可以滾遠一點嗎？

其實韓愈的人生眞的滿慘的，出生不久便喪母、三歲喪父，跟著大哥韓會東奔西跑，沒想到十一歲時大哥又掛了。整個家族孤苦伶仃，後來小退之就由嫂嫂扶養長大。慶幸的是，小退之自己也滿爭氣的，人窮志不窮，從七歲啓蒙後便發憤讀書，一路狂奔追進度，連寫學校週記文筆都比別人好，相信看到如此，韓爸也應該含笑九泉了。

然後韓愈就考上進士、進入朝廷，開始飛黃騰達的官宦生活，可喜可賀。

抱歉啦，這是別人的版本。眞實版本如下：

憑著後天努力，小退之很快就成功考過縣、州兩場考試；考過後，便火速趕到京城考進士。這一年，他十九歲。（對啦，當你我都還在看《海綿寶寶》時，人家就這麼努力了啦。）

但是不看《海綿寶寶》的小退之似乎沒受到老天多少眷顧，第一次進士放榜，昌黎郡韓愈，落榜。

「……」（子曰：「予欲無言！」）

想當然，小退之傻眼傻到說不出話來，但放心，更傻眼的是他的錢包。

「都窮到快沒飯吃了，鬼才有錢讓你重考。」

「那還是回家種田好了。」

「可是退之，你連回家車馬費都沒有耶。」

「……」

別人家高幹子弟富二代，沒考上大概就是回家睡一覺，再不成還有爸爸可以靠，但韓愈這種鄉巴佬，在京城連隻貓都不認識，要飯機率大概上升到九九%。

人窮志不窮，我韓愈絕對不會去要飯的！

我是去要車資（小聲）。

暮春時節，朝中重臣馬燧正騎著馬跟僕人在長安道上漫遊，享受美好的休假時光。說時遲那時快，一個矯健的身影從道旁閃出，馬燧定睛一看，是一個穿得破破爛爛的小子，正低著頭不發一語。

「呃，先生有事嗎？」

「有點緊。」

「什麼?!」

「沒啦，我說手頭。」

宋有包拯攔轎喊冤，唐有韓愈攔馬喊窮。

超爽的，路上撿到讀書人，就當做功德囉！

功德滿滿的馬燧把韓愈帶回府裡，讓他在府裡安心讀書生活。不但「軫其飢寒，賜食與衣」，還讓兒子馬暢照顧起居衣食（這贊助商也太善良）。

「馬家對我恩重如山，我一定要考上報答他們。」孤燈下，重考生韓愈對月亮發誓。

貞元四年（西元七八八年），韓愈再次赴考。

然後他一舉中第，後成一代幹話大師，馬燧含笑而終。

騙你的，昌黎郡韓愈，落榜，again！

「為什麼？老天這到底為什麼！」韓愈向天大喊，抒發對自己的悲憤。

老天表示：「……」（子曰：「天何言哉？」）

就跟你睡醒會在床上懷疑人生一樣，再次落榜的韓愈也開始懷疑自己的價值。讀書眞的有用嗎？有用的話，為什麼怎麼都考不上？

在痛定思痛之下，他終於大徹大悟，明白了官場制勝之道：

「走後門。」

進化的代價

進化後的韓愈開始想辦法鑽後門，而他第一個想到的就是滑州刺史賈耽。賈耽是朝中高官，政績卓越，名重一時，有他擔保，沒有個第一也有第二。

興沖沖的韓愈於是辭別馬家，從長安趕到滑州，除了寫上一封信（主要是稱讚賈耽），並附上自己的作品集，想用暖暖的文字融化賈耽。

但韓愈等了很久，卻連賈耽一個字回覆都沒看見（估計是不讀不回）。

心灰意冷的韓愈想了想，這趟總不能白來，趕緊轉了一轉，來到河中節度使渾瑊（音「渾眞」）府上；韓愈的堂兄韓弇（音「演」）曾擔任過渾瑊手下的判官，想想怎麼都比賈耽熱情。渾瑊是很熱情沒錯，不過酒杯在筵席間來來去去，卻絕口不提官場的事（應該學學吃年夜飯的親戚，動不動就問你考上沒）。

韓愈動起筷子，低著頭撥了撥碗裡的食物。

「算了，考試快到了，回長安念書吧。」

這次結果應該很容易預測到。

貞元七年（西元七九一年），進士考試放榜，昌黎郡韓愈，落榜。

失敗一次，你會很難過；失敗第二次，你的心會很痛；失敗很多次，你的心就不痛了。

悲痛至極的韓愈在長安街頭徘徊，茫然間，想起一個名字：

「梁肅。」

梁肅，時任皇太子侍讀，文字清麗，時人傳頌一時。

「敏鎬，找一個侍讀是有屁用喔？」

「沒屁用，但他老闆很有用。」

當年的進士考試是由兵部尚書陸贄（音「至」）當主考官，而陸贄找了兩個助手，其中一個便是梁肅。話說回來，這梁肅一看到韓愈的文章便滿口讚嘆（韓愈嘴歸嘴，但文章眞的有實力），於是不但幫他打理好應考大小事，還叫小退之只要放心應考就行。

貞元八年（西元七九二年），昌黎郡韓愈，進士第十三名登科。

所以說，人跟人之間的感情，還是比較可靠的嘛！

馬的是你逼我的，靠北之路，由此開始

進士在宋代很開心，因爲福利好所以很爽；進士在明代不開心，因爲生命風險很高。

進士在唐代有點不開心，因爲你可能一輩子都是進士。

「蛤，不是當進士就能當官了嗎？」

「呃，你這麼醜可能就不行。」

對，就是要面試，跟公司面試很像，而且審查標準也都很豪小。去公司面試評比項目有口才、臺風、臨場反應，而唐代吏部面試有身、言、書、判：

身，取其體貌豐偉。（外表評比，左思淘汰。）

言，取其言詞辯正。（口才評比，鄧艾、韓非淘汰。）

書，取其楷法遒美。（字太醜淘汰。）

判，取其文理優長。（只會背書淘汰。）

以上看起來很合理，但事實上非常不合理。

因爲基本上標準都是看面試官爽不爽。

所以在這種智障制度下，據說曾有明明考中進士，但二十年沒當官的傳說存在。

怎樣，夠狂吧？

然後韓愈即將成爲這些傳說之一。

貞元九年（西元七九三年），韓愈參加第一次吏部面試，科目是「博學宏辭科」，主考官是之前一直對他（文章）心懷好感的崔元翰。

本來韓愈覺得，反正崔元翰已經被他圈粉⑧了，中選什麼的一定是十拿九穩。

但結果出爐，昌黎郡韓愈，落榜。

韓愈傻眼，跟第一次落榜一樣傻眼（這算第四次）。在無奈跟悲憤中，他揮筆寫下了《上考功崔虞部書》寄給崔元翰，信中便是先貶自己（哀兵政策博同情），再偷酸別人上榜都是諂媚小人走後門。（咦？退之你的臉有沒有腫腫的？）

這封信最末，則拜託崔元翰能不能再約出來喝個茶。（退之你是要追人家嗎？）

崔元翰有沒有出來喝茶我們不得而知，但事實是，韓愈在接下來第二次、第三次的面試中都被刷下來，而韓愈很想請主考官喝毒酒。

但天降大任於斯人也，韓愈就跟他的偶像孟子一樣（連個性都很像），在某方面開始進化。不同的是，孟子是嘴砲技能點滿，而韓愈是酸人技能逐步提升。

我們看看他落榜後這幾篇文章：

「我很衰，我覺得考上的人都走後門。」（《上考功崔虞部書》，酸人處女作。）

「靠北，考試制度好智障，我好厭世啊！」（《答崔立之書》，第三次落榜。）

「靠北，考官都是智障！」（《答侯繼書》，第三次落榜。）

對於韓愈在此之後的文章，其實我只有一個想法。

那就是越來越狂，從年輕時偷酸人、靠北人，到後來直接大聲嗆人：

「僕爲考官所辱。」（垃圾考官，有種跟我battle！）

「類於俳優者之辭。」（你們這群廢物，只會錄取這種狗屁文章！）

失控的韓愈從此不再應考，而是開始了他的嘴砲人生。

你敢嘴我？我要十倍奉還！

關於韓愈很嘴這件事情，我們有必要先澄清一下。其實，在韓愈心中，一直都有一位老師，這位老師深深影響了他的一生。

「敏鎬，退之的老師是孔子嗎？」

「錯，是孟子。」

不只視孟子爲老師（雖然孟子都去世一千多年了），韓愈根本是孟子超級腦粉。

事實上，他除了繼承了孟子的道德強迫症（看到不合儒家的東西就會開始碎碎念而且念

---

⑧意指成為某人（或事物）的粉絲。

很久），還移植了孟子的主動技「嘴砲帝的橫掃」（我知道這名字很中二，但沒辦法，孟子本人也很中二），吃飽沒事就愛找人家碴。孟子喜歡攻擊人家爸爸媽媽（墨子表示無奈），韓愈自己則喜歡說人家是禽獸、蠻夷。

我們來看一下他本人是怎麼個腦粉法：

「自孔子沒，群弟子莫不有書，獨孟軻氏之傳得其宗。」（除了我大孟子之外，其他沒一個能打的啦！）

「韓愈之賢不及孟子。孟子不能救之於未亡之前，而韓愈乃欲全之於已壞之後。」（我韓愈雖不及偶像孟子，但我絕對要像他一樣拯救這個世界。）

拜託不要，求你。

所以說，偶像的選擇眞的很重要。

佛道再狂，都沒有我韓退之狂啦！

話說遠了，韓愈因爲本身的狂熱信仰，所以養成了喜歡「起爭議」的習慣。

對手不用說，儒家每朝都有。孟子時代最強的敵人是楊朱跟墨翟；在唐朝，儒家面臨最大的敵人是本土的道教跟外來的佛教。

道教是唐朝國教（大家都姓李，算一家親），而佛教在中唐後的興盛程度不輸道教，長安城一百萬居民裡，大概近一半都信仰道教跟佛教，寺廟蓋得比帝寶還美。

理所當然，長期失業（沒考上外加愛起爭議）的韓愈厭世程度想必爆表，所以他將畢生精力都拿來捍衛道統（就是嘴砲道教跟佛教）。

韓愈在《原道》裡首先說了，你們道教佛教原本是小咖，只不過是沾我大儒家的光才勉強有名，現在紅了就跩起來，有夠不要臉。（入則附之，出者汙之。）

開頭罵完，再來就是直接砲了。

先說你道家。說自己家老子是孔子師傅就算了，現在一直提什麼「聖人不死，大盜不止」，非要搞復古風，把全國人民弄得跟腦殘一樣。如果照你的做法，全人類大概都滅亡了。（人之類滅久矣。）

佛教也不要太高興。你們這些人，成天搞一堆智障齋戒法會，追求什麼「清淨、寂滅」，叫大家出家念佛，連基本倫常都不懂。你有想過人家爸爸媽媽的心情嗎？沒有！因為你只會拜拜。要是在上古孔子年代，你他媽早就被斃了！（其亦幸而出於三代之後。）

對了，我記得你們好像是外國人教派吼。一群蠻夷，呵呵。

眞的很喜歡歧視人家種族耶。

最後總結這篇，我們可以用一個我很愛的電影橋段來談：

「這次陛下找我來，是爲了維護道統中心，我覺得啦，除了儒家以外的教派都該廢除。」（不塞不流，不止不行。）

「除了你的儒家？那我們怎麼辦？」道家代表開口。

「問得好，你們可以把佛經寺廟都燒一燒拆一拆，然後加入我們儒家啦；不過我們只會接受精英，不會接受，垃圾。」（火其書，廬其居，明先王之道以道之。）

「看什麼？你覺得我是垃圾？」佛家代表說。

「喔，別誤會，我不是說你是垃圾。」

韓愈笑了一笑，隨即掃視全場。

「我是說在場的各位都是垃圾。」

在那個沒有網路的年代，就敢跟兩大宗教打嘴砲開戰。

退之，你眞的比館長⑨還狂耶。

要打就來打啦！

離開長安的韓愈首先回到了老家河陽，後來到汴州去當宣武節度使董晉的幕僚（沒辦法，飯還是要吃）。錢要賺，該起的爭議還要是辦，韓愈仍然不斷抨擊佛教跟道教，甚至每天跟人打嘴砲。

他的弟子張籍還寫信請老師低調點，專心寫書，不要再鬧事了。

但韓愈不愧是韓愈，要戰就來啦！於是就有了以下內容：

「你叫我不要跟別人打嘴砲，但是我覺得聖人之道就是要用嘴來說。」

「打筆戰門檻有點高，老師我覺得直接嘴會比較好。」

「唉，別人不懂我，還一直以爲我很愛嘴人。」（「不知者以僕爲好辯也」，有沒有突然浮現某位孟先生說的話？）

「至於你說的什麼我辯論時很愛生氣輸不起什麼的，或是愛玩博塞（古代一種棋戲）那

⑨本名陳之漢，目前肌肉發達程度最可觀的直播網紅。出身海軍陸戰隊，擅長散打搏擊，作風直率剽悍。由於身為健身房創辦人，因此人稱「館長」。

些缺點，我虛心接受啦。」

等等退之，重點是第一段吧，後面什麼愛森氣氣⑩愛玩博戲都不是重點啊！

後來張籍看到韓愈的答覆，傻眼到不行，趕緊回信請老師不要這樣。但韓愈看完後，只是淡淡笑一笑，繼續端出他引以自豪的道統繼承人拿手菜：

「如果要大家明白聖人之道，捨我其誰！」（如使茲人有知乎，非我其誰哉。）

「我生氣不是爲了我自己，是爲了眞理！」（抑非好己勝也，好己之道勝也。）

「我是我大儒家偉大傳人，懂？」（己之道，乃夫子、孟軻、揚雄所傳之道也。）

「師傅，沒事了。」

韓愈之後愈發不可收拾，他的書信很多，我們整理如下：

「阿籍，就跟你說我沒有很嘴！」張籍無奈讀完老師的信。

「還有，我是爲了聖人才嘴！」去上個廁所回來，張籍發現桌上多了封信。

寫第二封信來解釋第一封信？不要浪費紙好嗎？

而投了不少履歷的韓愈，不久便收到錄取通知。

「找到工作了，呀比！」退之開心地說（新老闆：泗濠節度使張封建，下稱張僕射）。

但勞權鬥士韓退之上了幾天班後，又開始替勞工跟自己發聲。

「老闆我不想上班，你工時可以調一下嗎？」韓愈寄了封信給張僕射。

「李翱（也是韓愈的學生），國家都智障，我的老闆也智障！」韓愈持續抱怨。

退之，你不上班講幹話，你老闆知道嗎？

「老闆你不要再打馬球了，上班好嗎？」

張僕射發現自己的信箱被塞爆了。

「乾，我失業了！」韓愈賭爛道（估計是張封建受不了，但韓愈不知道）。

失業在家的憤青退之沒事做，只好來「監督社會」。

「酸文臣，社會不公平啦！」（督促社會是好國民的責任。）

「酸武將，最好大唐國防部每個都超過一百分！」（國防差，社會不安全，順手督促一下。）

「佛教跟道教都邪說啦，別來沾邊！」（當然，道統每日一捍衛是一定要的。）

---

⑩ 鄉民用語，源自「生氣」諧音，有時也寫成「森77」。

「老闆沒錄取我是你的損失，你們這群白痴！」（乾，面試又失敗了。）

韓愈，你是風紀股長嗎？

翻一翻《韓昌黎集》，這種文章眞的世界多（我還沒提序或碑，韓愈很愛幫人寫碑文賺零用錢）。負能量到底是可以多強？到底是多厭惡社會？

但厭世的時候總會結束，貞元十六年（西元八〇〇年）的冬天，剛失業的韓愈回京師參加吏部銓選，結果一次業力引爆⑪，把四十幾年的功德都爆發出來。

「噫！好了！我中了！」被選中的退之欣喜若狂，被任命爲國子監四門學博士（大學老師），嗯，任教修書也很棒。

但既然是韓愈，怎麼可能就這樣放過這個世界呢！

朝廷給我爆起來⑫！

韓愈終於走進朝廷了。（觀衆請痛哭！）

雖然感動，但是我們退之兄胸中還有一個偉大的志向。

「該把維護道統（起爭議）的優良文化帶入朝廷了。」

「新的朝廷，由我來改變！」

退之看著京城，嘴巴開始癢了。

其實早在韓愈還是新科進士時，就對「起爭議」這門學問躍躍欲試。事情是這樣的。在當時，朝中有個人叫陽城，任職的單位是諫議大夫（負責勸諫皇帝，闡明得失）。陽城這個人，個性好、人品佳、飽覽群書學問棒，但有一個特徵，那就是不喜歡起爭議。所以他在當諫議大夫的五年內，連一頁意見表都沒寫過。生活大概就是打卡上班，下班喝酒玩樂，十足上班族心態。不過大概人緣不錯，所以周遭的同事並沒有對他說什麼，皇帝看了反正也不礙眼，姑且就算了。

但韓愈不能算了，火速寫了一篇文章，那篇文章叫《爭臣論》。

這篇文章有點長，不過我們可以稍微縮短一下：

「陽城你要嘛給我工作，不然你就滾！」

很派⑬，眞的很派。

---

⑪ 原是形容壞事做多了而報應在自己身上，但後來多用於反諷。

⑫ 對岸用語，指的是讓某個場子躁動起來、氣氛嗨起來，常用於演唱會、搖滾樂跟有韓愈的朝廷。

⑬ 臺語的「凶」。

一個小菜鳥竟敢這樣嗆人眞的很狂。（其實原文還有說陽城不配當官，更叫他不要一直找藉口不工作，戰力滿點。）

想當然爾，韓愈之後的官宦生涯認眞的不順利，基本上都在外調跟國子監跑來跑去。在國子監四門博士任期滿後，調任監察御史，這應該算是韓愈的天職了。沒想到上書彈劾京兆尹李實於京城旱災時救災不力、隱瞞災情那次，居然沒發現李實後臺很硬（李實是皇室出身），反被倒咬一口，貶爲陽山令。

幸好他運氣不錯，不久唐德宗逝世，被赦免；然後又逢順宗逝世，再大赦，轉任江陵府法曹參軍。隔年六月，又調回國子監當博士。

在這十幾年間，韓愈的生涯一直都是浮浮沉沉的，而且還是一直得罪人，貶了又升，升了又貶，一直漂泊各處。

元和七年（西元八一二年），他因爲幫華陰令柳澗辯解，又被降回國子監當博士。在這個時候，他其實是很喪氣的。

「都到四十歲了，還是一事無成啊。」像皮球般被踢來踢去的中年男子韓愈很茫然。《進學解》就是在這個時候寫成的，大家也許都會背「業精於勤，荒於嬉」這幾句，但後面韓愈反酸自己老被貶官、一事無成、連累家人，再加上禿頭掉牙齒的窩囊樣（頭童齒豁）與無奈，短短幾句，倒也是他那段痛苦回憶的濃縮。

喔，他還是有偷酸幾下朝廷，大家放心。

潮州其實沒有很潮

元和十四年（西元八一九年），韓愈擔任刑部侍郎。

刑部侍郎是前兩年升上去的，那年韓愈隨著裴度出征淮西、平定淮西叛軍之後，身爲行軍司馬的韓愈自然也升官發財。

韓愈擁有了從未有過的美好生活。

一切都看起來這麼美好。

一切都看起來這麼順利，不是嗎？

但在長安城裡，似乎並不是這麼安寧。

元和十四年正月，唐憲宗遣使至鳳翔迎佛骨。

迎佛骨？

迎佛骨？

迎佛骨？

因爲很震驚所以要說三次。韓愈聽到眞的快氣瘋了。

媽啊你皇帝尊崇道教就算了（至少跟老子同姓攀血緣），你跟釋迦牟尼是有什麼關係啦！（你跟印度悉達多是親戚喔？全家都你家喔！）好好正事不做，花一堆錢跟一堆時間去迎佛骨（一定要最高規格迎接）、蓋佛塔（佛骨不可以睡公園），可能還要在長安城辦場遊行慶賀一下之類的，你腦袋有洞？

沒錯，沉寂已久的大孟子傳人技能覺醒了，韓愈立刻振筆疾書，將道統維護（加嘴砲）技能點滿上手，寫了一篇千古名篇《諫迎佛骨表》。

這篇文章一上場，便得到皇帝很大的迴響；沒錯，是暴怒的迴響。

至於爲什麼暴怒呢？因爲文章裡不是說什麼「迎佛骨不好、不恰當」之類的，而是：

「跟你說啦，中國存在超過千年了，沒佛教也不會怎麼樣，不要多事。」（非因事佛而致然已。）

「再跟你說啦，以前那些事奉佛法的皇帝，像漢明帝、梁武帝之類的，沒有一個有好下場！佛法不靈不用信啦！」（佛不足事，亦可知矣！）

「還有你說要迎佛骨、蓋佛塔，這些超燒錢，根本勞民傷財！」

「佛教根本就是夷狄，你不信我大儒家跑去信那個？」（退之你又歧視人家。）

「總而言之，佛骨什麼的可以燒一燒了。」（投諸水火，永絕根本。）

「臣愈誠惶誠恐。」（很小聲。）

誠惶誠恐個屁！馬的文章這麼囂張，老子不處理你還用得著當皇帝嗎？

憲宗抓狂後，下令要砍了韓愈，旁邊和韓愈交情不錯的裴度跟崔群趕緊幫他求情，說韓愈只是講話很直，心裡對您還是一片忠誠，陛下不要砍他。

憲宗有點氣消，但還是很抓狂。

「說我供佛太花錢OK，但你提那些皇帝要嘛亡國，要嘛早死，馬的不是詛咒我？」

「你很狂我知道，但竟然敢對我這麼狂，鬼才原諒你！」（愈，人臣，狂妄敢爾，固不可赦。）

恭喜退之，潮州單程車票get！

最後的狂人

韓愈一月被貶，三月到達潮州。到了潮州（今日廣東），他發現一件事：潮州並沒有想像中美好，環境也沒有傳聞中差，而是更差。

所以他趕緊寫了一封《潮州刺史謝上表》，呈奉給朝廷。

文中提到潮州環境超級爛，有颱風鱷魚還有瘴氣，皇上我錯了，能不能調我回去。

簡單來說就是道歉文。

但韓愈第一句開頭便是：

「臣以狂妄戇愚，不識禮度，上表陳佛骨事，言涉不敬。」（我只是說佛骨時講話有點不敬，但其他我還是對的。）

「陛下哀臣愚忠，恕臣狂直，謂臣言雖可罪，心亦無他。」（我只是講話直了點，我錯了，但佛骨的事我還是對的）

退之，你也太沒誠意了吧！

道歉要說自己愚蠢，再順便捧一下上司是常識吧？

但這封信朝廷表示OK，（什麼標準，有認錯有算數喔？）幸運的韓愈在潮州只待了八個月便離開，這趟潮州行可以說是膽戰心驚。

不過託潮州鱷魚的福，他也成爲唐代爬說語第一人（領先哈利波特一千年）。

後來韓愈回京師當官，升了不少次，最後以禮部尙書致仕（退休）。

老是落榜、失業、又嘴砲中二的韓愈先生就這樣過著幸福快樂的日子。

韓愈這一生，做了不少事。有好事，有壞事，人品絕對算不上好。

但要評點戰力，他大概是中唐戰力榜上排名前幾名的好手。

「春城無處不飛花，韓愈無處不開酸。」

根本是行走的火藥庫，在酸人跟嗆人的藝術都有著相當高的造詣。

中二也許是種白目，但在韓愈身上是種態度。

年紀漸長的韓愈開始禿頭掉牙齒，但態度依舊，一樣不合時宜，一樣做自己。

那什麼是做自己？

就是拒絕世界不合理的要求，做回自己的主人。

而一旦當你抛下世人目光後，整個世界，就是你自己的舞臺。

退之，你眞是中二界第一帥耶。

PART 2

人生無奈，
連當個好人都很難

孔子的聖人指南

「孔同學，你自傳上寫想當聖人，那你有
從事相關課外活動嗎？」

「嘴砲，旅行，飢餓三十。」

——五十四歲的孔丘同學報考的是教育系。

——興趣是在團購網上找好吃的肉乾。

——曾因長得太像而被別人誤以爲是通緝犯。

前陣子幫幾位學弟妹改面試自傳，然後順便聊了兩句。

「學長，○○系出路好嗎？」

「學長，XX系念起來輕不輕鬆？」

其實啦，出路這種事誰也說不準。

畢竟，我不是資方，能坐著數錢的工作怎麼也輪不到我們來做。

說白點，所謂「生涯規畫」，只不過是讓你在痛苦的未來中能找到點自己開心的事，而這些事一旦跟餬口扯上關係，就絕對開心不起來。

大學美其名是找尋知識的殿堂，實際上也不過是間大型職業訓練所罷了。

很悲傷，但這就是現實。

不過，總有一些職業，往往超乎現實。

一個風和日麗的午後，我幫一位學弟模擬面試。

「你自傳上寫自己從小愛好秩序跟和平？」

「是的。」

「那你平常看到不合秩序的事會怎麼辦？」

「我會想辦法糾正它。」

「興趣這欄你寫著喜愛哲學跟反省人生？」
「是的，我每日三省吾身。」
「個性寫自己愛好閱讀、實踐真理？」
「我一聽到真理便迫不及待實行它。」
「最後一題，你平常還有什麼喜好？」
「嗯……長途旅行跟下鄉服務吧！」
「我覺得你應該很適合一個職業？」
「什麼？是醫師嗎？」
「不對，你很有當聖人的潛力。」
「聖人」無非是世上最糟的工作、最爛的職業，而且更會面對無數的討厭同事。但有些人與生俱來就適合應徵這份工作。
正如好花要有陽光、空氣、水，一部好的劇本也要有適合的環境。
在距今兩千五百年前，一個禮教崩壞、秩序混亂的年代。一名奮發向上的優質青年開始了一段很糟糕的畢業旅行，而我們的世界也被這個優質青年攪成一灘渾水。
「仲尼，有人來應徵聖人了，快上場啦！」

偶像的平民生活

依我收看八點檔這麼多年的經驗，一部好的電視劇，為了引起觀衆的共鳴，主角一定會具備以下條件：

一、父母早逝。（不然家裡都好溫暖誰要奮鬥？）

二、一窮二白的可憐小子。（抱歉我們不走總裁路線。）

再不然，貴族也可以，但一定要是神情憂鬱、溫文儒雅的落魄貴族公子。因為這設定正可引發無辜少女的遐想跟同情，進而造成母愛如洪水般爆發出來。

孔子恰恰好符合這兩點。

他有著落魄的宋國貴族出身，父親叔梁紇在魯國為士多年，卻在自己三歲時去世，只留下他與母親相依為命；而孔子十七歲時，母親也不幸撒手人寰。

仲尼，你辛苦了。

身為一個普通的、父母早逝的落難貴族，基本上生活開銷都要靠打工來賺，至聖先師孔仲尼本人也不例外。

「吾少也賤，故多能鄙事。」（我小時候很窮，打過很多份工。）

比起去便利商店打工，孔子選擇在季孫氏家裡當文書小吏跟乘田（畜牧管理員）餬口。靠著在基層努力打拚，不滿二十歲的窮困青年孔丘很快就娶到老婆、有了小孩。

但這些並沒有改善他很窮這件事。

而是把「窮」變成「窮忙」。（現在年輕人不生小孩真心有道理。）

相信我，景氣不好，打工致富比復興禮教還難，OK？

但仲尼除了身高外（九尺六寸，大概有一九〇公分），更有著其他人沒有的一項長處。

「敏鎬，是顏値嗎？」

「呃，這個沒有，是知識。」

在周朝時，由於平民無法接受教育，（平民就一輩子耕田吧！）基本上知識這種希有財是被貴族壟斷的；而孔子什麼沒有，手中卻恰恰好掌握了這種財富。

與其老想著做官，二十多歲的仲尼腦袋轉得很快，他開起了補習班。（錢眞的難賺！）

由於將知識下移這種事在當時非常少見，因此仲尼這驚天一舉讓魯國所有人都驚呆了。

但驚呆歸驚呆，孔子此舉還眞吸引了不少有志青年報名。

比起當聖人的微薄薪水，孔子的補習班副業倒是生意興隆，可說是補教名師。

但仲尼沒有選擇從此轉行，而是踏上了另一條不歸路。

春秋霸凌血淚史

世界上有很多討厭的事，「霸凌」無非是其中最討人厭的事。

「聖人」因爲本身對道德的極高要求，以及往往會把自己對現實的幻想落實在生活中，因此比起別人，遭到霸凌的機率更高。

若你把《論語》攤開來，你會發現它根本就是一部仲尼被霸凌的血淚史。

在人生中，職場霸凌很常見。

所謂的職場霸凌，模式其實跟學校很像，通常是幾個同事會排擠你，說你壞話。然後可能會一直偷打小報告、偷吃你辦公桌上的零食，總之很幼稚。

孔子的職場霸凌史其實滿早就開始了。

仲尼三十多歲時，當時已在補教界闖出名號的他到齊國去進行文化交流，跟老闆齊景公相談甚歡，眼看就要坐擁高薪時，一群齊國大夫擔心飯碗不保，便集體排擠仲尼，在老闆齊景公面前瘋狂打小報告。

「我覺得孔子不適合執政。」齊景公眼前第一紅人晏嬰開口。

「為何？我覺得他不錯啊？」齊景公翻了翻仲尼的履歷。
「跟你說喔，這儒者都很迂腐啦！不切實際，然後 blahblahblah……」
「總而言之，孔子根本有傷風化。」（神結論。）
齊景公一開始還想認真接待孔子，但後來禁不起小報告跟投訴書如海潮般襲來，最後只剩下一句：「我老了，不能用你了。」語畢，周遭充斥著無數細碎的嘲笑聲。
霸凌，在失業的孔子心中留下一抹陰影。
孔子五十一歲時，因為補教生意太有名，被魯定公請回來當魯國中都宰（中都一帶的行政首長），後來又擔任司空（營建部長）、司寇（司法部長）。
接著，孔子在齊魯的夾谷會盟中，靠嘴砲打贏外交戰爭，讓魯國的土地跟自尊又回來了，魯定公開心了，而孔子的政治生涯也即將邁入巔峰。
但霸凌，無所不在。
在齊國，被以晏嬰為首的小圈圈排擠。
在魯國，孔子被三桓⑭等掌權大夫霸凌。
霸凌的理由很簡單，無非是孔子看見這幾任魯君在朝堂上都被三桓爆打，前任老闆魯昭公還被員工趕出魯國。（咦？這不是我家嗎？）

爲了恢復心中的小小秩序，仲尼便制定一連串政策來幫助現任老闆找回自尊。

結果季氏不爽孔子，而隔壁的齊國企業爲了打擊魯國，也開始酒店招待計畫，送來八十名歌女陪魯定公開趴。內憂外患到齊，季氏便開始進行霸凌計畫。

不過季氏的霸凌手段非常幼稚，就像你回頭找不到辦公桌上的零食一樣：孔子在祭典過後竟然沒收到按禮節要給大夫的祭肉。

「乾，連年終都不發？這公司是三小？」

連照規定要收到的祭肉都沒收到，代表孔子在這間辦公室早已混不下去。

這不是排擠的話，什麼是排擠？

灰心的仲尼只好離開魯國，向其他國家投起履歷。

然後他就這樣失業到老。

---

⑭ 指季孫氏、孟孫氏、叔孫氏三家卿大夫，他們都是皇親國戚，世代擔任魯國要職。

邊緣人的畢業旅行

畢業旅行一直是每個人童年最開心的回憶，孔子的畢業旅行卻不怎麼開心。
因為這不只是畢業旅行，而是一趟失業中年人的寂寞投履歷之旅。
孔子看著自己厚厚一疊履歷，不斷嘆氣。
「君子周而不比，小人比而不周。」但好像自己倒成了魯國邊緣人。
「四海之內，皆兄弟也。」乾，不要說兄弟，自己都快沒朋友了。
不僅口袋裡的「仁義」銷售不出去，仲尼的投履歷之旅也可說是多災多難。
以下是仲尼這趟畢業旅行的行程：

到衛國前，路過匡地，被誤認成跟匡人有仇的通緝犯陽虎，被一群暴民圍攻。
到蒲地時，遇上蒲人叛衛，被一群暴民再次圍攻，靠弟子打退才保住性命。
到宋國被趕出來，在樹下上課時還遇上仇家桓魋（音「頹」）追殺，只能逃命。
到鄭國變成流浪老人，被子貢貼徵人啓事後尋回。
經過陳蔡時遇上戰爭，陳蔡大夫怕孔子為楚國所用，派兵包圍自己，強制參加飢餓三十大會師（其實是七天，孔子是這種活動的先驅跟紀錄保持人）。

然後肚子餓的子路還生氣跑來跟自己吵架，唉！

仲尼，你是不是忘記安太歲啊？

「樂天知命故不憂。」看著履歷被國君退回來，五十多歲的孔丘先生現在很煩。

以前是魯國邊緣人，現在變成國際邊緣人。

而且自己的人生好像快過完了。

「君子疾沒世而名不稱焉。」如果可以，我才不要「國際邊緣人」這種名聲。

日子是如此艱難，但回頭一看，孔子還有自己的同溫層。

想起自己可愛的弟子們，仲尼寬慰地笑了一笑。

想起顏回，「不遷怒，不貳過」「聞一知十」，百年難得一遇的才智。

如此高道德高標準，根本完美繼承人。

想起子路，「聞過則喜」，勇武過人，並長年擔任孔門第一打手。

雖然曾在陳蔡飢餓三十活動跟我吵架，但念在侍奉我這麼久，爲師也是感動。

想起宰予，提出要廢「三年之喪」，不時勇敢地質疑我，還上課睡覺……

馬的，孽徒。

沒辦法多收學費還要受你們這些屁孩的氣，爲師眞的命苦。

而孔子的履歷被瘋狂退貨其實有一定原因。一半是因爲政見內容實在過於理想，一半是孔子很討厭妥協。（任性！）加上名氣太大跟運氣很差等因素，間接造成孔子逃難比治國強的美麗誤會。

在齊國被一堆人排擠，還莫名其妙被趕走。
在魯國被辦公室同事霸凌，連該有的祭肉都被幹走。
在衛國被白痴國君打槍政見，還一直問我有關行軍布陣的事。
沒辦法坐擁高薪，還要受你們這些國君的氣，聖人眞的命苦。
人生眞的好苦。

聖人霸凌血淚史

比起職場霸凌，仲尼更多時候是遭到「人生霸凌」，理由無非就是因失業多年而被道家信徒瘋狂嘲笑。

這人生霸凌其實有很多面向，有些會直接攻擊你的長相，像白目的小孩；有些會直接攻擊你的自尊，像年夜飯時的親戚。總之，這些霸凌往往會讓你忘記自己到底活著幹嘛。

跟現代許多網紅一樣，攻擊補教名師孔丘先生的幾乎都是路人跟鄉民。

在衛國時，孔子無聊敲著磬，被一個扛著草筐的路人聽見，路人一開口就發表評論。

「這敲磬的人有濟世之心啊！」鄉民開始留言。

「眞的嗎？謝謝你。」孔子按讚回覆。

「不過心胸狹隘、不合時宜，好可悲哈哈哈。」（還補了一句：難怪這麼魯。）

「……」（孔子收回了讚。）

音樂歸音樂，人生歸人生，好嗎？

一天早上，子路準備進城，碰巧遇上了守門的人。

「你是哪裡來的？」守衛隨口發問。

「孔子家裡。」子路老實回答。

「喔？是那個明知不可爲仍爲之，然後累得半死的魯國邊緣人孔丘嗎？」

堂堂魯國補教名師還被鄉民酸成這副德性，仲尼聽見不知做何感想。

而人生霸凌最可惡的莫過於年夜飯的親戚跟菜市場的阿姨，他們除了會不停否定你的人生，還會幫你做完全不合理的生涯規畫，霸凌完人生還要踐踏你的理想。
因爲被排擠到出名，就連在周遊列國的路上，孔子一行人受到的霸凌也沒少過。
經過鄉間小路時，因爲迷路，孔子便叫子路去路邊找種田的鄉民問路。
「先生，不好意思請問渡口要往哪走？」
「你們駕車的那個人是誰？」一號鄉民長沮用一個問句回答子路。
「是我的老師孔丘。」子路還是很老實。
「哇！是孔丘耶！那他應該知道渡口方向啊！」鄉民開嘲諷了。（都知道世界走向了，不會不知道渡口往哪走吧？）
被一號鄉民修理完，子路趕緊回頭問另一個鄉民。
「你是誰？」二號鄉民桀溺搶先一步。
「我是魯國孔丘的弟子。」子路還是很大聲地說話。
不知道是興致來了還是怎樣，桀溺開始在田裡替子路做起了生涯規畫。
「跟你說喔，現在世道很亂，你跑去改革沒用啦！對了，你有沒有興趣跟我們一起種田避世啊？很有前途喔！」
「……」
既然連旅途方向都問了，仲尼，乾脆連人生方向一起問好不好？

經過楚國時，一個叫接輿的邋遢男人走過車子旁邊，開始唱起歌來。
「鳳兮，鳳兮。何德之衰也……」
「請問您剛剛在唱些什麼？」
「沒啦，我是要勸你轉行啦！現在景氣不好，聖人沒什麼市場……」
連遊民都能幫自己生涯輔導，仲尼，人生眞美好。
在鄭國時，孔子和弟子走失了。
仲尼一個人站在東門邊，看起來像一個普通的流浪老人。
一個鄭國鄉民跑來找正在街上貼尋人啓事的子貢。
「我剛剛在路上有看到一個無家老人。」
「眞的嗎？長什麼樣子？」
「額頭像堯、脖子像皋陶、肩膀像子產，然後很狼狽落魄，像一條無家可歸的狗，哈哈哈。」
眞的不要連外表都人身攻擊。
孔子的霸凌回憶一直是聖人難以啓齒的一塊，但這也間接成爲孔子日後戰鬥的動力，畢竟，殺不死你的，必將使你茁壯。
堅持眞理的都是邊緣人，反霸凌，老師加油！

仲尼的戰鬥之路

有人曾訪問過霸凌者：「爲什麼你們要霸凌別人？」理由千奇百怪，有自卑、歸屬感，或是單純獲得愉悅。（爽！）但沒有人眞心關心過被霸凌者，尤其是「理想」被「現實」狠狠蹂躪之人。

孔子在這方面可說是心有戚戚焉。

「君子喻於義，小人喻於利。」（君子明白義理，那些霸凌我的人根本自私自利。）

「君子泰而不驕，小人驕而不泰。」（君子很謙虛，只會霸凌的小人只會囂張。）

「君子周而不比，小人比而不周。」（君子懂團結，小人只會搞小圈圈霸凌別人。）

也因爲長年被邊緣久了，仲尼悟出了一套自己的「邊緣人哲學」。

那就是做好自己，不要聽別人的閒言閒語，有機會就想著幫助天下。成就自我、追求所愛、完成夢想，同時避免成爲自己所討厭的那種人。

「不患人之不己知，患不知人也。」（不要害怕沒人懂我，要煩惱自己不懂別人。）

「言忠信，行篤敬，雖蠻貊之邦行矣。」（只要品德良好，又何必怕自己交不到朋友呢？）

「己所不欲，勿施於人。」（別因為羨慕，而成為自己原先最討厭的那種人。）對自己如此，孔子對弟子也是如此要求，寧可做有道的邊緣人（君子），也不要當無道小圈圈的核心（小人）。

「巧言令色，鮮矣仁！」

也許大家都偷偷說我壞話，連年終祭肉都不發給我。

也許鄉民都想跑來偷酸我，連匡人都想趁機霸凌我。

但我絕對不會去拍你們馬屁找舒適圈的！

正因孔子對討好別人有嚴重過敏，所以遇上這種廢物都會例行性感冒。

「鄉愿，德之賊也。」（只會裝模作樣討好別人的人都滾吧！）

孔子對所謂「社會核心」一類人，基本上開噴⑮都是不留情面。

翻開《論語》，你可以看見孔子批評心懷不軌的季康子、靠北季桓子用僭越禮制的八佾舞、嘴砲管仲的奢侈、嘲諷衛靈公的私生活淫亂。

是社會邊緣人又怎樣？至少我是善良的核心！

---

⑮進行一個用嘴砲噴人的動作。

懂得正道的人似乎都必定承受孤獨，但也只有成爲虛榮圈的邊緣人，才有資格承受這個世界的孤獨。

「德不孤，必有鄰。」懂得這個道理後，誰才算眞正的邊緣人呢？

仲尼與他的男人們

一個成功的男人，背後必有一個偉大的女人。

一個成功的聖人，背後必有很多偉大的男人。

雖然孔子在現實生活中不算很成功，但至少在聖人界赫赫有名。

孔子跟弟子的互動一直是《論語》中最有趣的一塊（什麼君子守則滿無聊的）。

三千弟子很多，但基本上可以簡單分成幾類：

一、眞愛型：只有顏回，其他從缺。

二、忠犬型：堅貞侍奉孔子，但有時候會跟孔子互打嘴砲。典型：子路。

三、腦粉型：對老師有著強烈信仰，孔門嘴砲護衛隊。隊長：子貢。

四、叛逆型：很愛頂嘴，壞壞男孩。典型：宰予。
五、學生型：奉行老師教誨，標準好學生。典型：曾參、子夏。
六、名字型：毫無反應，就只是個名字。

孔子對學生算是十分有愛，有愛到會你讓感動那種。

學生生病時去探病。

學生出差時幫忙照顧家庭。

學生犯青春期憂鬱時幫忙開導。

學生被人誹謗時幫忙解圍。

學生當公務員時跑去當政策顧問。

仲尼，你到底是老師還是保母？（這是稱讚。）而在孔子的補教人生中，最特別的當屬子路。

「子路性鄙，好勇力，志伉直。」

頭上插著雉雞羽毛，身上佩戴野豬牙，這是子路第一次見孔子的服飾。

本來子路一開始是想找孔子麻煩，但後來反被孔子收服。

子路不僅年紀最大，也最愛跟老師拌嘴。

在他眼裡，沒有什麼不可以；但在孔子眼裡，子路很多事都不可以。

所以兩人生活日常便充斥著攻防跟鬥嘴。

兩種相異的拼圖、相異的背景，卻拼出最美的時光。

雖常因莽撞被孔子碎碎念，也曾因粗野被其他人看不起，但面對飄渺未知的將來，子路卻有一顆比誰都相信孔子的心。

「道不行，乘桴浮于海。從我者其由與？」（在中原到處被霸凌，只好漂去公海。還會follow我的，大概只剩子路了吧？）

子路就這樣侍奉孔子許多年，無怨無悔的很多年。

即使如此，仲尼眼裡始終只有一人，那就是顏回。

因為在孔子眼裡，顏回並不是弟子，而是一個希望。

一個足以乘載他所有夢想的希望。

孔子曾幻想過，顏回會成為一名了不起的儒者。

私心也好，偏愛也罷，他必能把自己的一切傳承下去。

因為顏回是如此優秀、聰慧，善解人意。

但命運讓一切都失望了。

顏淵死。子曰：「噫！天喪予！天喪予！」

在顏回去世的那天，孔子的天也崩塌了。

我不知道孔子爲何哭得如此傷心，但我猜，除了夢想崩毀的遺憾，對愛徒無盡的愛，才是壓倒聖人的最後一根稻草。

顏回跟子路是孔子坎坷人生的兩道光，但有光之處，便有影子。

子貢無疑是聖人光芒下的陰影。

子貢很特別，不只因他是商人，也不因他家財萬貫、口才流利。

而是因爲他跟誰也不像。

沒有顏回敦厚，能受到孔子加倍疼愛。

沒有子路勇敢，能爲老師奮不顧身。

沒有宰予叛逆，能反對一切不合理。

他所擁有的，就是一顆純粹仰慕老師的心。

比誰都愛提問，只爲能多跟老師說上一會兒話。

聽見有人質疑孔子，便馬上與人爭辯、捍衛老師。

只要老師一句話，他便出使各國、赴湯蹈火。

而安然度世的孔子，也只有在子貢面前才會表露自己的懦弱。

「這世上沒人了解我。」孔子像個多愁善感的少年。

「怎麼會沒人了解您呢？」子貢走近，善解人意地說道。

「也許，眞正了解我的，只有天吧！」孔子仰天長嘆。

子貢看著仲尼，眼裡是無盡的崇拜。

但命運又再一次讓人失望了。

多年之後，子貢回到魯國，這個他曾魂縈夢牽的地方。

看著昔日的房屋、夫子的遺居，他不禁多留了一會兒，一如當年的六年之喪。

他站在廊下，耳邊彷彿響起某些熟悉的聲音。

想著夫子抱怨的時光、那趟最糟的畢業旅行、那些跟師兄弟打鬧的日子。

他還記得那些顏回病逝、子路在衛國內亂中慘死的往事，以及夫子聽見他們死訊後，那比窗外雨聲還大的哭號。

夫子去世後，羈絆大家的理由好像也不在了。

子夏去了河西、曾參仍在魯國授徒、子游回到南方，子貢自己也漂泊不定。

只剩下堂外的杏林仍亭亭如初。

子貢倚著窗沿，看著杏花在細雨中逐漸渺茫。

也許我身後的一切很珍貴，但更珍貴的，是跟你們在一起的時光。

我的老師怎麼可以這麼任性

每位老師都有一個屬於自己的特徵。

譬如說，孟子喜歡打嘴砲，先講一長串道理後再開始批評別人，讓弟子很無言。

勇於爲師的韓愈則是喜歡先表明立場，接著無差別攻擊對手。

孔子則屬於有道德潔癖，然後很愛對弟子碎碎念那一種。

「子路你又強詞奪理了！不是跟你說我很討厭這種人嗎？」

「子貢我跟你說過幾次，不要一直批評人！你很閒嗎？」

「冉有，跟你說過了，不要跟季氏走太近，小心會變壞。」

「樊遲，別老是問耕田的事，有點志氣好嗎？」

「司馬牛，講話前要注意，我跟你說過幾遍？」

每個弟子背景相異、資質不同，但仲尼對他們的出發點都一樣。

一切，都是希望他們能成爲「大人」，成爲心裡的「君子」。

「君子」這個目標一直都很難達成。

因爲堅持這兩個字，意味著你可能會伴隨著一生挫折。

但孔子還是照著自己的意思行事，像鮭魚般，在這個亂世不停逆流而上。

任性，是聖人獨有的浪漫。

在衛宮裡，衛靈公看著眼前這個暮氣沉沉的老人。

「先生，想請問您有關軍旅之事。」衛靈公興趣勃勃地問道。

仲尼看著眼前一桌的酒肉，想起了路邊餓死的人。

「我曾學過有關祭祀禮儀的事。」仲尼站起身來。

「但若是軍旅之事，我不知道。」他轉過身去，又回頭看了衛靈公一眼。

衛靈公看著眼前這個不知趣的老人，心裡卻生出一股寒意。

什麼是任性？就是照著自己覺得正確的路去走。

「逝者如斯夫，不舍晝夜。」偶爾望著河流，望著河面的倒影，仲尼嘆了口氣。

自己也會害怕歲月流逝，但害怕又有什麼用呢？

也許一切都是命吧！

他帶著一票弟子，帶著被打槍數十遍的履歷，花數十年周遊列國。

一日一日重複著失敗，一次一次看著弟子離自己而去。

他也不是沒聽著人們衡量得失、計算富貴。
但他始終明白。
「仁」，才不是能用富貴來衡量的事。

老師的小小祕密

孔子心裡一直有個願望。
這個願望很簡單，那就是讓世界恢復秩序。
有時候，沒有秩序就是一種秩序。仲尼明白這一點，但他不同意。
因爲有勇氣的人永遠不會放棄希望渺茫的事。
然而即使是這個念頭，也有走到盡頭的一天。
一陣急促的腳步聲響起，子貢走進門來，年老的仲尼正看著他。
「賜，你怎麼來得這麼晚呢？」孔子略帶責備，卻露出一些欣喜。
子貢看著年已古稀的老師，心裡一陣酸楚。孔子看了看子貢，搖搖頭，開始念著令人心酸的話。

「夏人喪禮在東階舉行，周人在西階，殷人在兩柱之間，我昨晚夢見自己的喪禮在兩柱之間，大概是因爲我是殷人的後裔吧。」他看著似乎也快哭的子貢，若有似思地回想往事。

經過了半生失敗、挫折之後，仲尼放棄了自己，卻沒有放棄夢想。

所以他開始栽培弟子，把希望放在弟子身上，把期待放在未來。

也許我永遠看不到太平的一天，但你們可以。

也許我始終無力創造和平，但你們可以。

他碎念弟子、不停地挑毛病，讓人覺得「君子」彷彿遙不可及。

而一切只是希望弟子能夠成材罷了。

他不停要求「仁」，不輕易稱自己達到「仁」，將它當成一輩子的志業。

只因自己認爲這件事是對的。

即使心中再痛苦，也要相信自己曾相信過的事物。

人終有一死，但理想卻會永存不朽。

這就是我們活著的理由。

「天行健，君子以自強不息。」——《周易》

屈原的情場戶外教學

「屈原同學，請說說你的專長。」

「撩妹，當工具人，被拋棄。」

——二十七歲的屈原先生，報考的是中文系。

——感情不順就跑去算命，算到全楚國都知道。

——因爲喝醉後痛哭亂打張老師專線而變成黑名單。

端午節你應該關心的事

屈原的感情狀態一直是令人苦惱的問題。

「爲何我們要一直關注屈大夫的感情狀態？」

「還不是你們惹的！」

老實說，屈原眞的是一個很苦悶的人。

首先，你們這群人只有在端午節才想起他，想起他的理由也並非緬懷先人，只是因爲那天剛好放假。

至於端午節那天，大家的固定娛樂不是談論屈先生的悲壯跳河史，而是討論南北粽子誰比較好吃。等等，人家活著的時候是在朝堂上戰秦國楚國耶！可是你們只會在網路上戰粽子的南北？

談到粽子，在江裡丟粽子避免魚蝦啃食屍體也不是屈原獨有的傳說，春秋時代的吳國戰神伍子胥也有差不多的故事（被丟到水裡並不是一種專利）。

說到底，什麼划龍舟、端午節什麼的，早在屈原出生前就已經是吳楚一帶的習俗了。

不只活著被楚王當工具人，屈大夫死後，因其「爲國投江」的忠勇形象太印象深刻，還被歷代政府拿來當公部門最佳代言人。

但苦悶的屈大夫一毛代言費都拿不到。

流放、投江、一年只有一天有存在感，還被當成工具人。

屈原眞的是一個很苦悶的人。

屈原的感情狀態則是另一件令衆人苦悶的問題。

並不是屈大夫又惹出什麼風花雪月。

原因無他，只因曾有人想過，愛國詩人屈大夫愛的並不是楚國。

而是楚國裡的楚懷王。

告白的藝術

要說到追求異性的祕訣，最經典的莫過於《水滸傳》王婆所說的「潘、驢、鄧、小、閒」五字金訣。

那什麼是「潘、驢、鄧、小、閒」呢？

潘（潘安之貌）：長的要帥，顏值要高。
驢（驢大的行貨）：體力要好，性能力要強。
鄧（鄧通之財）：要有錢，最好是富二代。
小（心思細膩，肯忍耐）：溫柔體貼，小心佳人。
閒（有閒工夫）：肯花時間陪人家。

根據王婆自己表示，照這五字金訣，整個情場橫著走絕對沒問題。
但橫著走歸橫著走，要說這是眞理，恐怕尙嫌太早。
因爲這不過是基本中的基本，比起眞理，無異於管中窺豹、池塘對上大海。
眞正的眞理並不是什麼「潘、驢、鄧、小、閒」，而是「浪、纏、情、理、憐」五字。

浪：製造浪漫，塑造美好第一印象。
纏：關心呵護，免費司機伴遊陪解悶，博得對方好感。
情：激情、煽情，想辦法製造愛的火花。
理：將一切都合理化，就算愛情的存在本身就是不合理。
憐：激發對方的同情心，讓對方無意間爲你所用。

「攻心為上，攻城為下，心戰為上，兵戰為下。」

雖然守不住街亭，但馬謖說到了重點：戀愛之道，除了攻心，沒有其他辦法。

因為你不是要征服對方，而是要對方融入你的生命中。

那要怎麼攻心為上呢？

別怕，屈老師要來教大家怎麼約會了。

情書與老派約會

「敏鎬，現在沒有人寫情書了啦！屈老師已經過時了啦！」

你看到這段也許會很疑惑，覺得什麼年代了，現在大家都用通訊軟體，誰還會寫情書啊？這種過時的手段別拿來騙小孩。

但我告訴你，真理，是不會過時的。

就是因為大家都用冰冷的 Line、簡訊，你卻用手寫情書。

就是因為反其道而行，你才會像阿里山神木那般珍貴，那般高聳入雲、鶴立雞群。

一言以蔽之，就是溫度跟誠意勝過一切。

而文字的駕馭是另一個極重要的關鍵。

在中國文學之流中，有兩個很重要的情書流派，一派是《詩經》，主攻簡單樸實、含蓄溫柔、淺白內容加上獨特吟唱手法，很適合情竇初開的單純戀愛。

試想，在一個初秋午後，一個白色蘆花盛開的季節，一對情侶在河畔漫步。

「蒹葭蒼蒼，白露為霜。所謂伊人，在水一方。」（不用翻譯，很簡單吧！）

兩人在狂亂的風中相擁，整條河面則被相思跟蘆葦占滿。

老實說，這種美到媲美MV畫面的情節，沒有多少青春期少女擋得住。

另一派便是《楚辭》。

如果是愛情的本質是浪漫，那麼沒有任何文體更能比《楚辭》代表浪漫。

因為構成浪漫的並非現實，而是幻想。

繁複、華麗、煽情，跟無盡的幻想。

《楚辭》，就是製造另一個世界的過程。

但要怎麼從《楚辭》學搭訕跟浪漫呢？

不要緊張，我們這不是來了嗎？

浪：如何塑造浪漫？

情書之始，約會之端，首重一字：「浪」。

沒有這波「浪」，你跟她就不可能有接下來那片汪洋大海。

那要怎麼才能塑造浪漫的幻想？

當然要靠氣氛啊！得氣氛者得天下啊孩子！

約會有沒有氣氛，根本是天差地別。

場景一：你的約會　對象：學妹

在麥當勞裡，等你半小時的學妹正在窗邊生悶氣。一抬頭，看見衣服沒換、滿臉鬍碴、一頭亂髮，再加上愚蠢傻笑的你走入店裡。

「學妹，有種東西比我現在的頭髮還亂。」

「不知道，學長你快說，我要去趕車了，謝謝。」

「傻瓜，是我被妳弄亂的心。」

「喂，警察先生嗎？我在臺北車站麥當勞，麻煩一下。」

場景二：湘君的約會　對象：湘夫人（湘水女神）

洞庭湖上漫布著月光，一陣風吹來，被攪散的月影隨波盪漾。

此時，湘夫人（類似學妹的女神）來到湖邊，正憂愁地等著你。

她一抬頭，看見滿身香花、光鮮亮麗的你走來。

「湘夫人，妳來了呀。沒看到妳，讓我盼得很難過。」（帝子降兮北渚，目眇眇兮愁予。）

丟完直球，成功機率大概就有一半。

秋風吹拂，葉落湖面，激起漣漪陣陣。（嫋嫋兮秋風，洞庭波兮木葉下。）

此時，你從小洲上採了一朵香花，輕輕遞到她手中。

「美好的花，只配得上遠方美好的人。」（搴汀洲兮杜若，將以遺兮遠者。）

如果這時再來句什麼「洞庭湖面的波再大，也沒有妳在我心中激起的漣漪大」或是「我心中的小小沙洲，只允許妳獨自降落」之類的話，我想女神應該會瞬間理智線斷裂尖叫吧。

所以說，有沒有氣氛，眞的有差。

纏：如何博得對方好感

「纏」一直是一門很高深的學問。

像是作文的起承轉合一樣，「纏」是在浪漫之後將好感堆高的過程，但很多人往往會搞砸。理由無他，只因「纏」過頭，會變得相當恐怖，結果不但不會帶來任何好感，還會引人發噱。

想要「纏」得好，差別在一個詞，「格調」。

場景一：你的約會　對象：還是學妹

一個沒有課的早上，學妹醒來了，原因是手機的訊息鈴聲不停響起。

「學妹妳要不要吃早餐，學長買給妳！」

「火腿蛋餅好不好？雖然我喜歡玉米蛋餅。」

「等等一起出去玩怎麼樣？我騎車接妳好了。」

「等等，我忘了我只有腳踏車，很文青，呵呵。」

「碰！」

學妹丟到床底的手機正在震動著，而螢幕上你煩人的訊息仍在閃爍。

場景二：河伯的約會　對象：另一位女神

在河畔，一位女神正在等人，黃河的滔滔巨浪模糊了她的倩影。

「轟隆轟隆！」一輛四龍傳動大車往女神開來。

「嗨，要不要一起去黃河玩啊？」（與女遊兮九河，沖風起兮水揚波。）

河伯掀起荷葉車蓋，向女神露出燦爛的笑容。

一路上，河伯陪著她到河畔散步、陪著她去爬崑崙山、陪著她去風景區戲水看魚，直到夜幕低垂，兩人才離情依依，在南江岸邊分別。

臨走前，河伯還派了小弟（當然都是魚）送她回家。

一路奔馳，想著早上崑崙山的美麗風景，想著河伯的笑容，女神陷入沉思。

溫柔的纏不叫纏，叫做呵護。

體貼的纏不叫纏，叫做關心。

河伯的纏不叫纏，叫做紳士風度。

想著河伯對自己無盡的溫柔體貼，她笑了。

想著河伯的四龍傳動大車，她笑了。（乘水車兮荷蓋，駕兩龍兮驂螭。）

想著河伯有意無意透露的龍宮城水岸豪宅，她笑了。（魚鱗屋兮龍堂，紫貝闕兮朱宮。）

安定，就是一種格調。

「敏鎬，可是我沒有龍車跟豪宅，當不成河伯耶！」

「沒關係，你可以去當河床。」

遇上情敵怎麼辦？

情敵的出現一直是愛情肥皀劇裡不可或缺的一環。

此刻，屈原正面對著人生中最大的愛情危機。

在這之前，屈原一直是楚懷王眼裡的紅人，不但國事政令都要找他諮詢，連公文條例都是他草擬的。

但情敵來了，一切都變了。

通常，情敵會用兩種手法：一是奮發向上（良性競爭），二是打擊異己（惡性競爭）。

上官大夫靳尚、寵妃鄭袖用的就是第二種。

「我跟你說喔，屈原超囂張耶！」

「對啊，他說你沒有他根本不行耶！」

這種挑釁型言論很快就打破楚懷王的玻璃心，屈原於是硬生生被擠下檯面。

遇上這種齷齪的情敵，根據大數據分析，也有幾個應對的方法：

一是力爭上游、培養才藝，殺出一條血路（歷代後宮很多都是這種）。

二是天天抱怨、刷存在感，讓對方重新注意你（這方法很糟，結果相當極端）。

無疑的，第二種方法比較笨，但屈原偏偏就選了第二種。

沒啥意外，屈原「靠北楚王」的言論很快就傳進楚王耳裡，得到不少注意。

嗯，是暴怒的注意。

愛情事業兩失意的屈大夫很快就拿到公司招待的「流放單人票」啦！

雖然屈大夫面臨恐怖的下半生，但事情並沒有這麼絕望。

在政壇失敗，除了死跟苟且偷生，沒有其他選擇。

但在愛情失敗，除了死，你還可以選擇重生。

屈原這次選擇了第一條。

如何成爲恐怖情人之紓壓篇

「讓前男友心痛的最好方式，就是過得比有他的時候還好。」

這句話其實不是什麼現代專用語錄。

畢竟，眞理是跨時空的。

失戀的屈原很快體會到這句話的眞諦。

他還是跟從前一樣，戴起了高高的冠、掛著長劍，身上佩著叮噹響的玉珮，身上偶爾還會點綴些香花異草。

日暮時分，一個人仍定時在河畔漫步，但臉色卻出賣了自己。

「行吟澤畔，形容枯槁。」即使外在光鮮亮麗，但臉上的淚痕、憂傷的嘴角、消瘦的身軀，卻都背叛了自己。天啊，我又能騙得了誰啊！

既然不能放下，那就狠狠罵起來吧！

「你完全不懂我的心！反而去聽那些小三小四小五的話，對我發脾氣？」（荃不察余之中情兮，反信讒而齌怒。）

「約定好的事又反悔，你這種爛男人除了會反悔還會做什麼？」（初既與余成言兮，後悔遁而有他。）

「我不是怕離別，我只是對你那顆反反覆覆的心感到失望。」（余既不難離別兮，傷靈脩之數化。）

「糊塗、糊塗，不會體諒別人，不怨你怨誰？」

對於前男友楚懷王，屈原非常痛心；而對上面那群小三小四小五，屈原滿肚子火。才華沒比我多，顏值也沒我高，我努力工作、辛苦持家時（關心楚國政務），你們這些狐狸精除了會搬弄是非，馬的還會幹嘛啦！

「那群女人只會嫉妒我漂亮，造謠說我是蕩婦，眞的很可惡。」（衆女嫉余之蛾眉兮，謠諑謂余以善淫。）

「只會取悅別人，沒點自尊標準，狐狸精都這樣嗎？」（固時俗之工巧兮，偭規矩而改錯。）

「我寧可去死，也不要跟妳們同在一群！」（寧溘死以流亡兮，余不忍爲此態也。）

如同時下許多女孩，一旦失戀，總在痛哭後跑去西門町算個塔羅牌，或是去霞海城隍廟拜月老求籤詩，看看自己渺茫的緣分什麼時候才會來。

相較之下，屈原不只愛算命，還算得比別人勤。然後發現自己都被神明嘲笑，而且不斷浪費錢。

在《離騷》中占卜的靈氛（據說很靈）

「請問屈先生你今天是要算什麼？」

「算姻緣。」（用袖子遮臉）

「好喔，我看看……下下籤。」

「蛤？」

附上簡短籤詩內容翻譯：

「天下那麼大，你一定有市場啦！」

「世上哪裡沒芳草，不要苦苦依戀一個人啦！」

「會變成這樣都是小人不好，你還是很棒的，加油！」

靈氛，你是不是又騙人家錢了。

《離騷》中的巫咸⑯

「屈先生要來算姻緣跟事業吼？」

「哇，你怎麼知道？」

「當然是神明說的啊！」

「那神明還說了些什麼？」

「神明說，你應該趕快離職，還有離開爛男人（楚王）。世上有好公司、好姻緣，你不要怕沒工作跟單身，繼續加油！」

「謝謝神明大人！我知道了！」

阿原，神明大人眞的很棒呢！

《卜居》中的御用占卜老師鄭詹尹（別號「楚國唐綺陽」）

「先生，我有些問題沒辦法決定，想問一下。」

「不知道有何指教？」鄭詹尹端策拂龜，準備好占卜工具。

屈原一坐下，先嘆口氣，便開始說：

「我不知道自己到底要忠誠勤懇好？還是要周旋媚世好？到底要直言進諫？還是要貪圖

⑯ 起乩達人，因為在晚上起乩，又稱「夕降」。

富貴？到底要 blahblahblah……」

屈原一方面把握跟老師的對談時間，一方面像是一吐怨氣般、吐了一堆問題跟苦水，把自己情場跟事業的失意通通告訴鄭詹尹。

等等，阿原，人家鄭詹尹是占卜老師，不是心理諮商師耶。

鄭詹尹聽完之後，放下占卜用龜殼跟蓍草，語重心長說了幾句：

「尺有所短，寸有所長，人非萬事都懂，神明也不是萬事都通，能決定怎麼做的，只有你．的．心！」

等等，突然這麼勵志是怎樣？鄭詹尹你好歹也說兩句「水星逆行」「流年不利」好嗎？算命跟思念，眞的都是很玄的東西呢！

粽子有南北，人生有離別

我常說，世上的人其實跟粽子很像。

現在常見的粽子有兩種，分別是北部粽跟南部粽，兩者之間的差別便是北部粽的糯米先用油炒至半熟，而南部粽則是將生米用粽葉包好後直接下水煮。

所以在網路上，北部粽有了「3D立體油飯」的稱號；不遑多讓，南部粽的綽號則是「水煮焢肉飯」。

兩者做法相異、內涵不同、用料有差，熱量更是能相差一倍。

唯一相同的是，不管做法如何，最後，大家都會成熟。

人也是一樣。

不管是否曾經歷世事（用油炒過）、成長背景如何（配料不同），或爲立場曾爭執過（端午節戰南北），每個人下鍋、被歲月烹煮後，最終都會成熟。

而屈原現在，正是一顆既未摻一滴油，也未曾下鍋的粽子。

在失意過後，屈原放逐了自己，不論在仕途，還是在人生。

他曾在無人的夜裡發狂過，也曾跟沿岸漁民閒聊過，但都無法排遣不甘跟寂寞。

畢竟，兩人曾製造過的激情、回憶、火花，早已在心上燒出一道道痕跡啊。

屈原也曾想過另尋新歡，像你我失戀後找尋下一春，但結局往往出乎意料。

「我要找尋下一春！」失意的屈原一度振作。（路曼曼其脩遠兮，吾將上下而求索。）

但屈先生的奇怪標準又開始作祟了。

找了洛水正妹——女神宓妃。

「才不要，她太愛玩、放蕩，雖然漂亮但沒有禮貌。」

找了住在高臺上、年輕漂亮的有娀氏之女。
「我覺得有點問題，而且我聽說好像有情敵了，還是不要去搶。」
找了有虞氏的兩個女兒，還派人去作媒，但結果令人費解。
「媒人嘴巴太笨，恐怕沒辦法撮合這段緣分，還是算了。」
阿原，你怎麼覺得自己有資格挑人家條件？
坐在江畔，屈原想起站在故國城門前的最後一瞥，嘆了一口氣。
舊愛還是最美呀！
「情」之一字，是最難的要訣，除非親自領會，否則不能懂得。
激情、煽情，即使自己寫過上千行、上萬字，仍不及當下那一瞬心動。
而愛過後那些相思，便像粽子般難以消化，只是徒增腹中困擾。
人生眞的很像粽子呢。

如何成爲恐怖情人之詛咒日記篇

恐怖的東西有很多，例如有種東西叫做「詛咒日記」。

爲何說它恐怖？因爲大多數的恨意，往往會隨著時間消逝，但「詛咒日記」會告訴你，恨意，在這個世界上是會留下痕跡的。

「詛咒日記」通常有幾種形式，發文的手法也大有不同。第一種形式是簡短精要、應時抒情。這種形式主要會發生在剛失意時。你雖有滿肚子怨氣，但由於理智線沒斷，所以還能克制自己，只有在偶爾放鬆，像是登山、小酌（注意，沒喝醉）時，會稍微抱怨個幾句。這種形式好見於唐人詩、宋人詞：

杜甫《登高》：「萬里悲秋常作客，百年多病獨登臺。」（一個人爬山，一個人喝酒，好冷，好難過。）

如果情緒太多了，也會常出現自暴自棄的情況。

孟浩然《歲暮歸南山》：「不才明主棄，多病故人疏。」（對啦對啦，就是我自己爛！才沒有人用我，才沒有人理我。）

另一種形式便是長篇詛咒，通常見於喝得爛醉時、深夜孤單寂寞與情緒崩潰時，以及下班後想起明天還要加班時（會邊痛哭邊寫）。

當中最可怕的，應屬屈原的超長詛咒日記。

在剛被流放、走出郢都城門後，屈原就曾寫下一長串的抱怨文（《離騷》），內容不外乎藉文章靠北自己一生正直但沒人愛，然後楚懷王是笨蛋之類的。

「我說的話都是真的，老天爺都能證明。」屈原氣到發誓。

而笨蛋不只楚懷王。歷史證明，愚蠢是會隨血統遺傳的。繼任的頃襄王其愚蠢程度跟他老爸如出一轍，不只繼續聽信小人，甚至把國家玩到快沒了，國都郢都還被秦軍攻破，丟光祖先的臉。

「@%&@#%&$*#%&……」屈原罵了一串髒話（古代楚語我聽不懂）。

屈原這時候的悲憤程度，我們可以從《涉江》《哀郢》這兩篇文章來看。

「我才不會變心呢！」（吾不能變心而從俗兮。）

「快亡國了，我很鬱卒。」（慘鬱鬱而不通兮。）

「笨蛋楚王討厭賢人，喜愛讒言，把國家玩到沒了。」（憎慍惀之脩美兮。）

文章很長，但分兩部分，一部分是繼續自憐，感嘆自己才華高、人品好，卻落得這步田地；剩下的全都是厭世語調、靠北社會。

屈原先生，不要這樣報復社會好嗎？

我們之前說過，追求金訣的最後兩字是「理」跟「憐」。

「理」的部分，必須建立在兩人和平而自然的互動中，才有實踐的可能。

最好的例子是劉備跟諸葛亮，在君臣大義下，一切都被包裝地如此自然。自然到大家都會習慣性忽略那個風雪夜裡，在隆中小草廬曾發生過的事。

但很明顯，楚王跟屈原的關係既不和平也不自然。先冷戰，再分居，最後斷絕來往，完全沒有實踐「自然而然」的半點可能性。

而在「憐」的部分，我們要的是「楚楚可憐」，但屈先生一直都在「顧影自憐」，然後繼續寫文章詛咒敵人、靠北君王、報復社會。

老屈，你這樣誰要愛你啦！

後來在滿肚怨氣無法排解的情況下，屈原的厭世力接近爆炸。失去理智的屈原甚至進一步喪失求生意志，寫下了「自殺預告書」（也就是很有名的《懷沙賦》）。

自殺前要先上臉書討拍的風潮，眞的不是沒有來由。

「要怎麼才能解除我的悲傷呢？我想，也只有死才行了。」（舒憂娛哀兮，限之以大故。）

屈原看著江面冷笑。

阿原，千萬不要做傻事啊。

這時，郢都的楚懷王也踢到了鐵板，只因爲他遇上一個壞男人。

一個油腔滑調的壞男人。
那個男人的名字叫張儀。

青春期的傻事

壞男人騙你一次，可以容忍。
壞男人騙你很多次，你就算不想忍，也會自動忍下去。
因爲難過的不是你，而是愛你的人。
屈原正是那個始終最難過的人。
張儀第一次來楚國，是爲了讓楚國跟齊國斷交，順便增加秦國的朋友。
但張儀也知道，秦國根本不需要朋友，只是想少一個敵人。
這個企圖天知地知所有人都知道，就是楚懷王不知道。因爲他只知道張儀跟秦國要送他六百里土地——只要跟齊國斷交就好。
這是張儀第一次使壞，結果就是齊楚斷交，楚國孤立無援。
而張儀笑嘻嘻地呈上割讓地圖。

「來！這是當初說好的六里，請笑納！」

「六里？不是六百里嗎？」

被張儀欺騙的楚懷王憤怒地派人帶兵攻打秦國，反而被預先做好準備的秦國打爆三場，不但元氣大傷，還丟了幾座城池。

而張儀第二次使壞，是在楚國向秦國索要自己⑰時，靠著嘴砲之術跟銀彈攻擊，賄賂鄭袖等人，再次成功地把楚懷王耍得團團轉。

騙一次不夠還要騙第二次，好像是壞男人的習慣。

過了幾年，第二個壞男人秦昭王也給楚懷王寫了封信、灌了杯迷湯。在大片土地跟美女誘惑下，楚懷王忘記自己曾被壞男人騙過，傻呼呼地跑去武關跟秦國和親。

結果就是遭秦國俘虜，然後被監禁至死。

保險業真應該把「遇上壞男人」當成一種理賠項目。

這些悲劇，屈原都看在眼裡，他勸過、罵過，也哭過。然而有些悲劇不是想阻止就能避

---

⑰楚懷王智商真的很低，被騙後氣噗噗跟秦王說，願意用黔中之地交換張儀。結果笨蛋還是笨蛋，詐欺慣犯張儀再次得逞，楚國的黔中之地沒了，楚懷王自尊也沒了（好像本來就沒有）。

免的。

因此，塡滿他後半生的，只剩下不斷悔恨跟思念。

「思美人兮，攬涕而佇眙。」（《九章．思美人》）

君上，我比誰都思念你。我念的這些文章，你都聽到了嗎？

沒有人回答屈原，只剩冰冷的回憶陪伴著自己。

西元前二九六年，楚懷王病逝秦國，楚國舉國發喪，罪臣屈原也在夜裡偷偷祭奠。

「魂兮歸來！反故居些。」

「何爲四方些？舍君之樂處，而離彼不祥些！」

「魂兮歸來，哀江南！」

屈原看著白色的招魂幡，想著逝去的人。

昔日跟著君上打獵的車馬聲又在耳邊響起。

招魂？要招誰的魂？還是想招回那些永不復返的快樂時光？

屈原沉默不語，招魂幡又隨風揚起。

風中的楚歌

在《楚辭》裡，有一篇叫《山鬼》的祭神歌相當獨特，因爲這首歌祭祀的並不是神明，而是山中的神女；它也不是男女對唱，是「山鬼」一個人在寂寞的山裡、在自己悲傷時所唱的失戀情歌。

因爲偶然在山中望見了貴族公子，便忘卻顧忌，與他交談。兩個人在山裡聊了好久好久，而他拂過的一枝一葉，彷彿也因此特別了起來。

但有一天，公子似乎再也不來了。

於是，「山鬼」便一個人在林子裡輕輕唱著歌，期待公子有一天能聽見。

屈原也在江邊唱著歌，唱一首沒人聽懂，也沒人聽見的歌。

因爲長年流浪，長袍早已破舊不堪；而離開郢都城門，似乎也是好久遠的事了。

屈原蹲在河邊，想掬一把清水洗洗臉，卻因看見自己老去的臉龐茫然不已。

「咦?這不是三閭大夫嗎?」

好久沒聽見這個稱號了，屈原抬頭一看，只見一個漁夫正撐著船，在江邊看著他。

「你怎會在這裡呢?」漁夫倚著槳，又問了一個問題。

狼狽的屈原笑了笑，抬起頭來。

「舉世皆濁我獨清，衆人皆醉我獨醒，所以就在這了。」他說得很自然，像一切早已注定好。

「那你爲何不一起同流合汙呢？」漁父笑了一聲，隨手拿起槳，揚起屈原腳下那片江水，剎那間，便是混濁一片。

屈原又笑了，笑得很開心。

這次，他驕傲地說了一句已說過幾十年的話，一句陳腔濫調的話。

漁夫也笑了，兩人不約而同笑了，一陣歌聲傳遍了整個江面。

也許不會有人聽懂你唱歌。

也許不會有人想聽你唱歌。

甚至有人想逼你改唱其他人的歌、跳其他人的舞。

但即使有種種誘惑，你仍必須唱著自己的歌。

因爲總有一個原因值得你繼續唱；即使嗓子沙啞，即使沒有聽衆。

只有當你勇敢挺身而出，這首歌才有存在的價值。

「滄浪之水清兮，可以濯吾纓。滄浪之水濁兮，可以濯吾足。」——《楚辭・漁父》

柳宗元的漫畫人生

「子厚，你大包小包的，是要出國嗎？」

「對呀，遠得要命王國。」

——三十二歲的柳宗元先生應徵的是作文老師。

——興趣是爬山、和小動物玩耍，以及寫文章偷酸老闆。

——曾因身邊人類的死亡率太高而被封永州死神。

眞正的結局

世上有許多傳說無法證實。

《哆啦Ａ夢》的結局便是其中一個難解的謎。

因作者藤子．Ｆ．不二雄去世，《哆啦Ａ夢》成了無法結束的夢幻作品。

而網路上流傳最廣的《哆啦Ａ夢》最終回，故事大綱是這樣的：

哆啦Ａ夢沒電了。但因某些緣故，如果要讓哆啦Ａ夢回到未來換電池，目前的記憶是無法備份的。如此一來，與大雄之間的種種回憶便會消失。

如果不更換電池的話，則只能等待未來科技，才能讓哆啦Ａ夢重新啓動。

我不知道大雄用不靈光的腦袋想了多久，但我知道他最後仍選擇了後者。

畢竟，跟你一起度過的時光，是任何事都遠遠比不上的。

在二十一世紀的某一天，一具機器貓從夢中醒來。

眼前站著一個頭髮灰白的老人，很陌生，卻跟夢中的小男孩有幾分相似。

單純的人總被傷害，善良的人也會半夜哭泣。

然而友情，卻是讓人能繼續相信人性的原因之一。

柳宗元便是那個比大雄更單純、善良的人。
但他的結局，卻比《哆啦A夢》更加難解，也更加感傷。

少爺的職場菜鳥日記

許多社會新鮮人進職場兩、三年後，便常在臉書上發意義不明的文。
「下雨了，我累了；天，也淚了。」（背景是灰濛濛的天空。）
「別人的燈火幢幢，不及我夢想的萬分輝煌。」（動態是寫自己在加班。）
「加油！」（背景是一堆加強英文跟考證照的書。）
每次看到這些文章，我也會想跟他們說一聲「加油」。
但不是外文或是考證照方面，而是人生。
因爲眞正讓你覺得累的，不是加班，是夢想的一次次破滅。
你會發現，人生沒有想像中夢幻；你不會遇見帥氣上司或可愛同事，只能做著感覺沒啥意義的工作，忍受一堆雜事跟自己寶貴的時光流逝。
這就是現實，而柳宗元正開始他的職場震撼教育。

咬著金湯匙出生的柳少爺並不懂什麼是人生。

比起韓愈的重考地獄跟求職戰鬥之路，柳宗元可以說受到國考之神十二分眷顧。出身河東柳氏名門，字子厚的柳宗元二十歲時，隨父親柳鎮回京城準備考進士。幸運的是，在第一關考進士跟第二關禮部面試，柳少爺都只花了兩次就過關。

別以為這很容易，事實上這非常困難。

而除了國考之神，連牛郎織女都來幫忙。準備考試時，柳少爺還順道娶了禮部郎中楊憑的女兒脫魯，考場情場兩得意。

這一切，只花了五年。

原來，溫拿的養成眞的是要靠天分啊！（隔壁棚考十幾年的韓某人表示……）

有「唐朝好萊塢」稱號的長安，當時是各方名流豪門聚集之處，柳少爺的天賦異稟一冒出頭，鎂光燈自然少不了。

「宗元少精敏絕倫，為文章，卓偉精緻，一時輩行推仰。」

「名聲大振，一時皆慕與之交；諸公要人爭欲令出我門下，交口薦譽之。」

除了是史書認證神童，柳宗元原來也是史書認證夯哥。

畢生戰友「嘴砲皇帝」韓愈跟「嘲諷王子」劉禹錫也是在這時候認識的。

但初入職場的柳少爺很快就發現，四書五經沒教的東西似乎有點多。

聖人有說「學而優則仕」，但沒說上班有做不完的事。

煩人的應酬、寫不完的公文和看不完的上司臉色，一切似乎跟想像差距有點多。

然後菜鳥似乎天生就該死。

更糟的是夢想跟價值觀的動搖。

子厚一直以為，當官是一件很光榮的事，而自己之前所做的事一直是對的。

但現在，官場給他的震撼教育，已足夠讓一個菜鳥對自己說過的大話羞愧難當。他後來在永州寫給友人楊誨之的信中曾提過：

「官場真的很黑，要嘛一起髒，要嘛滾，哪裡能自命清高啊！」（和其光，同其塵，雖自以為得，然已得號為輕薄人矣！）

少爺，官場真的不是天真的人能玩的啊！

「理想跟現實，原來差得這麼遠啊！」「爸爸平常面對的，原來都是這些事呢！」柳少爺在深夜的書房加班，看著卷宗喃喃自語。

在職場沉浮三年的柳少爺，遇上了他人生第一個撞牆期。

過了幾年，喪氣的柳宗元調任監察御史里行（見習御史）。

在這單位上，子厚終於變得開心許多，因為韓愈跟劉禹錫也剛好在這個單位。五年不見，當年初入長安的小菜鳥少爺也變得成熟起來。倒是同事狂人韓愈、嘲諷王劉禹錫仍不改本色，大聲批評朝政跟酸人；但這些酸言酸語聽在子厚耳裡，卻有說不出的甜。

一個秋夜，下班後的柳宗元站在庭院中，不發一語。任憑月光灑落，柳少爺想著一個重要的抉擇，握緊拳頭。而他並不知道這個抉擇正讓自己的人生悄悄改變。

漫畫大唐改革史

改革是一件說難不難，說簡單卻又不簡單的事。歷朝歷代的改革都有兩種模式，各自走向不同的結果。這兩種模式可用兩部漫畫做代表。

第一種是《中華一番》模式，俗稱「乾爹模式」。之所以要叫「乾爹模式」，是指改革之鑰不在政策好壞，在於有沒有強而有力的「乾爹」。

《中華一番》主角小當家，母親是菊下樓主廚阿貝師傅，師父是陽泉酒家主廚及第，他與當朝要員御膳房李提督之間更有恰似乾爹乾兒子的情誼。

如果遇到雜魚，直接亮出手臂上「特級廚師黨徽」開範圍技掃光；若遇上強敵，則覺醒體內「奧義．媽媽的味道」來克敵制勝，打遍天下無敵手。（後來網友甚至支持小當家的敵人，暱稱小當家是「邪惡藍髮人」，其囂張可見一斑。）

這種改革的主要代表是管仲跟商鞅，前者有春秋最強乾爹齊桓公（包養周天子），後者則是有戰國最佳奶爸秦孝公（存財產給整個秦國統一天下）。

而我們少不更事的柳少爺參加的「永貞改革」，則屬於第二種《哆啦Ａ夢》模式。

「永貞改革團」團長是皇帝老師王叔文，而報名參加的熱血青年則是柳宗元跟劉禹錫等幾個新進人員，幾個人湊在一起便開始準備改革。

等等叔文，你的勇氣是梁靜茹給你的嗎？

如果用一句話濃縮，《哆啦Ａ夢》式改革是這樣的：

「大雄自以爲是哆啦Ａ夢，想追靜香，結果撞上小杉，最後遇上胖虎。」

靜香很正，改革很美，但錯就錯在大雄並沒意識到自己沒有百寶袋，卻老做些不切實際的事，乾爹又不夠強，遇上小杉（貴族、政敵），三兩下就草草了事。

而王叔文本人正代表成天做白日夢的大雄。

沒有「桃太郎丸子」，還想要藩鎮乖乖聽話。
沒有「催眠機」，還想催眠宦官來拔人軍權（唐朝宦官可以帶兵）。
沒有「忘記燈」，還想殺貪官後不被人記恨。
王叔文什麼都沒有，但還是做了；不過差堪寬慰的是，至少還有太子李誦（後來的順宗）支持。
但有一天，內侍在御花園踩到了太子的腳，結果太子完全沒有反應。
「殿下你怎麼都沒感覺？」
「因為我中風啦！」太子口齒不清道（被扶著）。
「@#$%@#FUC*Y*U%#$@……」知道這件事的王叔文也氣到快中風了。
但王叔文轉念一想，雖然太子中風，但還是法定第一繼承人啊！皇帝嘛！只要還有一口氣，坐個輪椅眨個眼還是可以辦公的。
而且他現在是無行為能力人[18]，我說什麼也不會有人反對，這樣豈不更方便？
跟大雄一樣，只想到當下爽。微笑著的王叔文大概沒想到之後會發生什麼事。

---

⑱ 法律上認為無行為能力的人，意即不能基於自己的意思獨立從事法律行為（例如簽訂契約、買賣、租賃等），也不能取得權利（例如投票）或承擔義務（例如繳稅、服役）的人。

中風患者李誦就這樣即位，當上了大唐企業老闆。

如同偷看靜香洗澡，王叔文掌權窺伺皇權更是無比過癮。

以自己爲核心，韋執誼爲宰相，柳宗元、劉禹錫爲六部爪牙，牢牢控制大唐帝國。

他們就這樣橫行一時。（凡其黨僩然自得，謂天下無人。）

但也只有一時。

王叔文個性自我膨脹嚴重，當官當到人際關係失敗，副手王伾又貪婪無度，不但連正統官話都說不好，還長得醜。以此二人爲首的集團引發了貴族強烈反彈，而宦官老大俱文珍也看王叔文很不爽（那個年代的胖虎眞的很多）。

俱文珍覺得你一個外廷朝臣沒事跑來宮裡幹嘛，想搶我生意？（惡性競爭代表。）

後來王叔文密謀要拔宦官兵權，卻俱文珍識破，兩人關係降到冰點。

皇太子李純也看他不爽，覺得他老爸明明中風沒辦法工作，你是把朝廷當自己家喔！（重申一次，唐氏企業的老闆姓李。）但王叔文還是沒什麼反應，每天照常上班。

「做人失敗就是這樣啊！」（邊緣人大雄注定沒朋友。）

厄運終於來了。因爲唐順宗中風眞的太嚴重，（連行動下床都無法了，何況辦公室！）文武百官跟皇族親戚都要求立皇太子當成保險。

「乾，傀儡沒了，這樣我還要混喔?!」王叔文死都不答應。

但事情總是無法盡如人意。

「廣陵王爲太子，群臣皆喜，獨叔文有憂色。」

「太子已監國，貶渝州司戶參軍。明年，誅死。」

而「永貞改革團」也瞬間改名爲「二王八司馬」⑲，一個在歷史上以慘出名的團體。

不要忘了，一個改革的失敗，代表著一個胖虎的崛起。

等待柳宗元的，便是無止盡的霸凌。

沒有耳朵的日子

有人說，一隻機械貓的自尊在耳朵。

所以當哆啦A夢因老鼠失去雙耳後，他大哭三天三夜以示悲憤。

有人說，一個政治人物的自尊在其生涯。

⑲「二王」指的是王叔文和王伾，「八司馬」則是指柳宗元、劉禹錫等八位後來被貶為司馬的士大夫。

但當柳宗元因政敵攻擊被貶到永州時，他卻一滴眼淚也哭不出來。

因爲眼前的一切已經讓他絕望到無暇哭泣。

如果水星逆行會讓運勢不利，那我猜柳宗元大概是水星逆行時被三寶撞上。

而且人家水星逆行通常只衰幾個月，柳宗元一衰卻直接衰十年。

亂改革眞心比穿錯顏色出門還恐怖百倍。

收到詔書的柳宗元一到永州，第一眼印象就是好山、好水、好可怕。

憑良心說，永州環境挺不錯的。只是蟲蟻跟未知生物多了點，然後山高水遠音信不通、基礎建設落後點、原住民多了點，還有瘴氣跟熱病。總之就是死亡率高一點點。

地獄，眞的是地獄。

永州在湖南南邊，離長安很遠就算了，柳宗元在永州的職務全名是「永州司馬員外置同正員」。

注意，這是一份閒職，而且是算是編制外人員，所以薪水超級少。

沒津貼，官小薪水少，子厚看見薪資條時不知做何感想。

唉，柳少爺在永州的日子眞心不好過。

「行則若帶纏索，處則若關桎梏。」我差點忘了，他只算是高級一點的囚犯。

坦白說，柳宗元根本承受不住這種環境的折磨（長安那批人眞心不友善）。
再來，比起環境的折磨，心裡的折磨更嚴重。
因爲除了理想，他熟悉的世界也逐漸崩壞。
改革失敗被貶永州後，柳宗元的母親、女兒、外甥、堂弟等一票親戚竟接連去世。
老天，這死亡率跟「米花市死神」江戶川柯南有得比。
「老天爺，這是給我的天譴嗎?!」看著母親的靈柩，柳宗元仰天長嘯。
「某，天罰深重。」我眞的無法體會柳宗元說這句話時有多絕望。
更尷尬的是，亡妻楊氏病死之後，柳宗元一直沒有續絃。這次被貶永州，自己已是待罪之身，有沒有明天都不知道，有哪個名門世家會把女兒嫁給他？
所以柳宗元現在登記狀態：「單身。」（很魯的那一種。）
且由於楊氏並未生下孩子，傳宗接代的壓力將柳宗元逼到快發瘋。他還曾在與人通信時提到：「在永州這個窮鄉下，根本沒有世家女子，馬的我跟誰結婚？每年拜拜祭祖時，我壓力好大。」
後來在跟翰林李建通信時，當眞受不了的子厚說出了自己的心聲：「要是能重來，我寧願當一般百姓，娶老農夫女兒算了嗚嗚。」
單身這種事，眞的不好受。

內憂外患夾擊，柳宗元很痛苦。在這種狀況下，他已經沒辦法維持自己身爲名門才子的自尊，只能走向唯一的路，那就是求救。

「我在永州過超慘，重病纏身快來救我，咳咳。」（《寄許京兆孟容書》）

「岳父，我在永州過超慘，五年裡房子失火四次，快來救我！」（《與楊京兆憑書》）

「永州眞的是地獄，尙書大人救命啊！」（《上廣州趙宗儒上書陳情啓》）

爲了活命，他甚至跟當年的死敵武元衡低頭寫信認錯：

「我當年不是故意得罪你，對不起。」（死脾氣韓愈絕對不會這樣做！）

但武元衡沒有原諒他，憲宗也沒有；而他寫的數十封求救信、道歉信，連一封回音都沒有收到。

「名聲大振，一時皆慕與之交；諸公要人爭欲令出我門下，交口薦譽之。」

當年的長安跟現在的永州比，哪邊才是地獄，柳宗元已經看不出來了。

「一身去國六千里，萬死投荒十二年。」

媽，我真的有朋友

喝口水，我們來聊一下柳宗元的私生活好了。

其實柳少爺在永州真的不是普通悶；畢竟，從天堂掉到地獄，誰都不會太開心。

會寫信給他的人就更少了（邊緣人不意外）。

但韓愈跟劉禹錫例外。

前面談到韓愈，但我必須說一句，他們的關係並沒有你想像的那麼好。

有人曾說，背景會影響價值觀的養成，正是在說韓愈跟柳宗元的關係。

韓愈父母雙亡，從小扛家計，造成他嫉惡如仇又匪夷所思的價值觀。

但柳宗元是河東柳氏出身，高級公務員家庭，待人寬厚且自信心極強。

兩個天差地別的個性，除了吵架，大概也不會有什麼娛樂了。

韓愈排斥佛教，但柳宗元篤信佛教。

韓愈相信天命，但柳宗元寫文章吐槽天命說是鬼扯。

韓愈封建觀念重，柳宗元卻是「民本」思想。

所以翻一下兩人來往的書信，有不少是你一來我一往的吵架文章。

比起狂人韓愈，劉禹錫跟柳宗元更是一條船上的難兄難弟。

雖然是不同出身，但劉禹錫的後半生跟柳宗元一樣悲慘。

兩個可憐人互相取暖也成了柳宗元的例行公事。

跟消沉的柳宗元不同，劉禹錫個性剛直、脾氣硬，生性樂觀坦蕩。知道當地原住民辦祭典，劉禹錫還會參加同樂會、幫忙寫歌詞，從這些正能量事蹟，你就明白他適應力大概跟小強差不多。

暖男劉禹錫也常寄「心靈雞湯」給悶悶不樂的子厚：

「耦耕若便遺身老，黃髮相看萬事休。」（有事的話，我們就共進退吧！）

只是劉禹錫樂觀歸樂觀，倒有一個很大的問題，那就是嘴賤。（不是嘴砲就是嘴賤，子厚你怎麼都交這種朋友？）

柳宗元對於夢得（劉禹錫的字）愛開嘲諷一事早就習以爲常，但命運的齒輪正悄悄轉動，將兩人的命運轉向不可收拾的路。

悲憤遊記寫作教學

「上帝關了你一扇門，肯定會爲你再開一扇窗。」

看清人情的官場邊緣人柳宗元，失魂落魄地走在永州街上。

韓愈在宦海浮沉的痛苦若像是小池塘，那麼柳宗元的痛苦應該就是游泳池了。

永州什麼都缺，就是不缺好山好水，柳宗元本人也常常利用空閒時間去遊山玩水。而在永州的山水風光之中，柳宗元偷偷做了一件事。

「你看過有人在打卡時靠北老闆嗎？」

不用怕，柳宗元做到了。

首先，我們看他最有名的《始得西山宴遊記》。

故事是子厚到西山玩，然後打個卡便掰掰回家。

但是仔細看，你會發現他都在靠北。

上山時，「斫榛莽，焚茅筏。」

翻譯：「等我回朝廷把你們這些廢物都打爆。」

「然後知是山之特出，不與培塿為類。」

翻譯：「你們這些廢物，誰要跟你們同一間辦公室。」

對，厲害吧。一句髒話都沒有，文字之優美，境界之高，無人可及。

重點是他這種東西還寫了八篇，合稱「永州八記」。

我們可以挑幾篇來看，在《鈷鉧潭西小丘記》裡，他表面上讚嘆自己發現一座可愛的小丘，然後說要是在京城附近，小丘必定價值不斐。

翻譯：「要不是老子在這個爛地方，京城哪有你們混的餘地。」

《小石城山記》裡，子厚讚嘆小石城山「無土壤而生嘉樹美箭，益奇而堅」。

翻譯：「我不過就是沒人罩，在這鬼地方我也會過得很好，懂？」

子厚，你怨念不淺啊。

而在寓言上，雖然這塊領域已經有了孟子跟莊周等偉大前輩打下基礎，但有了柳宗元的偉大貢獻，酸得更深、罵得更廣，進而讓這塊沃土被耕耘得更加美好。

當然，靠北對象跟前面一樣，全都是朝廷政敵。

《臨江之麋》（你們這群廢物只會靠別人。）

《黔之驢》（那些沒才華的廢物，死得很快，死得很快。）

《永某氏之鼠》（不就是有背景？就不要給我等到風水輪流轉的那天。）

《捕蛇者說》（一堆廢物當官只會壓榨民衆，還會衝三小？）

《羆說》（沒本事的傢伙只會裝腔作勢，看不到明天的太陽啦！）

《蝜蝂傳》（一群小人，當官也要團報喔?!）

而且除了正大光明嗆人、寫寓言偷酸別人。柳宗元還擅長「反串」（不用懷疑，當你在電腦前呵呵笑時，人家一千多年前就在做了）。

也就是寫「賦」嘴人（詠物爲輔，酸人爲主，內容跟主題不符）。

這些反串文的開頭都是：「大家好，我是柳子厚，河東人，現在是待罪之身，很可悲。」然後就肆意開酸，說別人都是小人，我會輸是我笨、我太老實。

子厚，你是不是知道回不去京城就不想反省了？

柳宗元在永州整個就是呈現暴走模式，只要稍微找一下，每篇文章都能看見子厚洩憤的痕跡，「憤怒旅遊」眞的領先時代一千年。

元和八年（西元八一三年），韓愈任史館修撰，卻相當爲難，因爲修史牽扯到很多政治問題，連一向自命狂人的韓愈也感到爲難。在永州的柳宗元知道後，便寫了一封信給好友提出建議。

信滿長的，不過重點就只有一句話：

「要嘛就修，不敢修就滾啊！」（如回之，莫如亟去其位。）

子厚，看你精神滿好的，我就放心了。

衡陽道最寂寞的一夜

曾有人問我柳宗元是怎麼樣的人。

我答他，柳宗元是一個很妙的人。

「前半生像小杉，後半生像大雄。」

像小杉是因爲柳少爺前半生是人們眼中的天之驕子。

他有背景有運氣還有才智，更是風靡長安的大紅人，人們排隊等著巴結他。

後半生卻像大雄一樣，人生處處碰壁，被現實折磨得膽小謹愼，沒了河東柳氏才子的英姿風發，「罪人」也彷彿變成他後半生唯一的名字。

但更像大雄的一點，不是因爲坎坷，而是因爲善良。

因爲不論多麼狼狽可笑，柳宗元始終都是一個好人。

元和十年（西元八一五年），憲宗（原皇太子李純）召柳宗元、劉禹錫等人赴京。

柳宗元驚呆了，這是他戴罪南荒十年來不曾想過的事。

陛下終於原諒我了？我可以回京城了！

想起病逝在永州的母親跟女兒，子厚不禁悲從中來。

現在，他踏出久違的一步，回到他所有夢想的起點——長安。

但命運跟憲宗一樣愛開玩笑，因為這封詔書並不是要召回這些罪臣，而是要把他們放逐到人生盡頭。

「詔柳宗元、劉禹錫等五人，同出為遠州刺史。」

柳宗元被分發到柳州，一個比永州更南邊的地方。

「乾，越放越遠是怎樣？你真的以為老子有任意門喔！」

柳宗元徹底崩潰，這個玩笑真的太過火了！而他也同時注意到，旁邊跪著的劉禹錫不發一語，詔書上正寫著他命運的終點：播州。

原本劉禹錫可以回朝廷當官，偏偏「嘲諷王」本性難改，外放多年一回京城，看到往日仇人，嘴又忍不住癢了。

地獄之門的鑰匙則是一首劉禹錫賞完桃花順手寫下的廢話：

「紫陌紅塵拂面來，無人不道看花回。玄都觀里桃千樹，盡是劉郎去後栽。」

重點就在這句，「不要臉的小人都在收割我的政績啦！」（仇人視角翻譯。）

播州，中國西南邊疆，差不多就貴州一帶，劉禹錫還要帶八十歲的老母上任……

當什麼播州刺史？馬的這是地府刺史吧！

柳宗元看著劉禹錫，想起自己在長安的風華歲月、永貞年間那場驚天動地的改革、永州孤寂十年的書信往返……這些場景裡，每一幕都有劉禹錫。

你很討厭，很愛嘲諷人，但你是我最好的朋友。

「播州非人所居，而夢得親在堂，吾不忍夢得之窮！」

「願以柳易播！」

魯蛇柳宗元每一句話都重重敲擊著天子腳下的青石磚。

罪人的話並沒有產生作用。連命都不值錢了，何況是話！

不過劉禹錫最後還是逃過一劫了。

一部分是要感謝好人裴度幫忙說好話，一方面是憲宗也不太想爲難老人家。

暮春時節，兩個寂寞的人在衡陽再次對坐，桌前擺著一壺苦澀的酒。

劉禹錫要去連州，而柳宗元要去柳州，疾病纏身的柳宗元也隱隱感覺到，這似乎會是他人生的最後一站。

他舉起一杯酒，向夢得道別、向這個世界告別。

「今朝不用臨河別，垂淚千行便濯纓。」

劉禹錫流淚看著柳宗元的背影離去，看著子厚在人生舞臺的精采謝幕。

四年後，柳宗元病逝柳州任上；而幾個月後，赦免的詔書來到柳州。

最後一刻仍在開玩笑，老天爺也眞仁慈。

如果還有時光機

開成二年（西元八三八年）秋，因爲連日夜雨，許多人難以成眠。

年近古稀的劉禹錫便是其中一人。

經歷連年貶謫、多年不遇後，自己晚年總算能喘口氣在洛陽養老。

幸運的是，晚年的日子，夢得遇上同樣疲憊的白居易，一個同樣寂寞的人。

「老枕知將雨，高窗報欲明。」劉禹錫聽著秋雨打在梧桐葉上，想著往事。

想著永貞年間那場驚天動地的冒險，劉禹錫至今仍不相信年輕的自己竟如此瘋狂。

而陪伴這段瘋狂的人，便是多年前逝世的柳宗元。

「柳門竹巷依依在，野草青苔日日多。縱有鄰人解吹笛，山陽舊侶更誰過。」

子厚，你在天上還好嗎？

比誰都善良，比誰都心軟，也比誰承受更多的汙染跟折磨。

但劉禹錫明白，即便過了十年，子厚心裡，還是住著那個長安的勇敢少年。

「子厚前時少年，勇於為人，不自貴重顧藉，為功業可立就，故作廢退。」

韓愈寥寥幾筆，卻是柳宗元一生傷痛的完美注解。

童年之所以可貴，是因為大人羨慕純真。

初衷之所以可貴，是因為無論世界多快，它都不曾改變。

萌生倦意的劉禹錫沉沉睡去，在夢中，白髮老邁的自己面前是仍未破敗的愚溪草堂，而裡面走出一個很熟悉的人，一個他認為這世上最勇敢的人。

「隔簾惟見中庭草，一樹山榴依舊開。」

即使草堂不見了，我也老了，但和你冒險的那段時光，彷彿從沒消失過。

子厚，不是嗎？

PART 3

世事無常，只求一點小確幸

莊周的放空日記

「莊周，你一直對蝴蝶自言自語，
邊緣人喔？」

「你才邊緣人，你全家都
邊緣人！」

——三十歲的莊周先生，職業是自由業。
——興趣是喝酒、睡覺和調戲惠施。
——因爲缺錢，偷偷在幼稚園當「蝴蝶哥哥」打工。

單身與聖人模式

單身其實是一件很哲學的事。

就我單身的經驗來說，單身的人往往對世界更有幫助。

「敏鎬，單身不是一種公害嗎？」

「你才公害，你全家都公害。」

為什麼單身的人能夠成就更偉大的事業？

一詞以蔽之，就是孤獨。

有情人會因愛怒而波動，單身者卻對外物隨遇而安，安然自適。

有情人會懷抱溫暖入睡，單身者在深夜卻會因為冷而開始思索人生。

有情人眼裡只有一個人，單身者眼裡卻能看見天下。

「若然者，登高不慄，入水不濡，入火不熱。」（《莊子．大宗師》）

被一個人綁架，就會被一連串瑣事綁架，進而失去自由。

不被萬物綁架的人，才有資格在孤獨殘酷的人世奮力起跑。

單身是這樣，人生也一樣。
而你我，打從一開始便是孤身一人來到這花花世界。
什麼是生？什麼是死？什麼是愛？什麼是恨？
我們執著什麼？如果沒有，那我們又要放下什麼？
智者不懂，君王不懂，有情人更不懂。
但單身的人懂。
莊子更懂。

蝴蝶哥哥莊周來囉

莊子，本名周，故名莊周。
宋國蒙縣人，曾當過漆園吏。
「什麼是漆園吏？」
「錢很少，工作很廢，低級公務員，總之很幹的工作。」

以上是人事處主任司馬遷能給的所有資料。

基本上，莊周這個人就是年齡不詳、生卒年不詳、人生目標不詳，總之本人跟學說一樣玄的男人。

而對他的唯一印象，全都要來自《莊子》這本書。

跟《論語》《孟子》不同，《莊子》基本上擺脫「上古幹話語錄」（老師不管公三小全都記下來）的形式，而且書裡的幹話有九成都不是莊子本人帳號（全是假帳號）。

「跟你說喔，南伯子綦曾說，萬物都 blahblahblah……」

「然後我說這個自然變化 blahblahblah。對了，你有問題嗎？」

「有，誰是南伯子綦？」

「啊哉，我亂掰的。」

可能薪水太低，或是天生跟工作不對盤，莊周不久後就辭掉工作，開始自己身爲哲學家的「自由業」。然後因爲哲學家薪水比公務員還低，莊周甚至窮到要跟人借米來煮。

但正像老子說的「禍兮福所倚，福兮禍所伏」，失業的莊周雖然窮到穿破衣服（衣大布而補之）、缺錢要借糧吃飯（貸粟於監河侯），但也得到了幾樣超人般的能力。

「敏鎬，是忍耐痛苦、治世安民的能力嗎？」

「那個太普通，我們莊周是『化人為蝶』『傾聽天籟』『超越生死』。」

「……」

在一般人的印象中，莊周的形象就是一個每天遊手好閒、到處流浪的中年大叔。興趣是睡午覺，而且睡醒後，還會說醒著的自己在夢中然後又繼續睡的悠哉個性。

但事實是：莊周並不是一般的中年大叔。

他看似時常在酒館出沒、三不五時醉倒在路邊的流浪漢。

但在你困惑、迷惘時，卻能以一句話戳破虛偽、直搗核心。

也許平常漫不經心，認眞起來卻比誰都狂。

「昔者莊周夢為胡蝶，栩栩然胡蝶也，自喻適志與，不知周也。」

浪漫、隨興，有時候甚至放空到靈魂出竅。

這就是莊周，一個離世俗最遠，卻又最懂世俗的廢人。

不要問我快樂從哪裡來

其實「快樂」這個東西在古代眞的超希有的。

嚴格來說，不是「快樂」，而是「單純的快樂」。

儒家孟子有「君子三樂」，分別是父母健在（孝）、俯仰不愧（德）、作育英才（道統）。

「這快樂好像有毒，先不要。」

墨家：「墨子兼愛，摩頂放踵，利天下爲之。」

「你們沒過勞就很快樂了吧……」

比起前面兩家，道家對自我快樂的追求，幾乎變成主打招牌。

「那什麼才是快樂呢？」

對比前面「甜蜜的負擔」，莊子給出了稍稍明確的答案：「逍遙。」

「逍遙」這個詞代表一種精神，一種比任何人都熱愛生命的精神。

解決人世紛爭、萬物紛擾，最後消化自身煩惱的最終手段。

「定乎內外之分，辯乎榮辱之境。」

世間多少煩惱都因汲汲於名利而來，輕視名利，就是快樂的第一步。
「憒憒然為世俗之禮，以觀衆人之耳目哉！」
某儒家因為背負禮教道德枷鎖，終生無法得到自由，根本奴！
「死生，命也，其有夜旦之常，天也。」
要對生死沒有恐懼，當成三餐一樣自然看待，你才有無敵狀態。
放下一切、不被外物束縛，順其自然，才能稱為快樂。
不為名利所誘、不被禮教所縛、不受生死所苦，然後以眞實的自己確切地活下去，就只是這樣而已。
即使是如夢般的人生，亦是如此。

酸民莊周與他的人生笑話

人生很可笑，不論古今中外的朋友一致認同。
可莊周偏偏就是笑最大聲的人。
衆人皆知莊子豁達，殊不知莊子還很擅長酸人與講冷笑話。

如果要給《莊子》這本笑話集定個名字，書名應該要叫做《儒家與他們堅持的人生》。

莊子在很多地方酸儒家（儒家也真的有很多地方欠酸），像是儒家一直強調繁複的禮儀制度（真的欠酸，墨家表示贊同）、執著在比水泥還硬的仁義道德（還常常道德綁架人家），以及對功名利祿的追求。（儒家一直對追求美名相當重視，把它視為不朽的事。子曰：「君子疾沒世而名不稱焉。」）

這些堅持在已經超越人類視角的莊周眼裡，真的就只是一則則笑話而已。

以下是儒家精選笑話集錦：

一、子貢有天看見一個農夫插秧，想教他怎麼用抽水機耕田（《天地》）。

「我就是不想太複雜，破壞我純樸本性，還要你來教喔？」農夫吐槽子貢。

子貢低下頭來。（乾我聖人之徒耶！）

「對了你是誰啊？」農夫突然插嘴。

「我是魯國第一聖人孔丘的弟子。」子貢眼睛一亮，但農夫轉身大笑。

「那你不就會一輩子爭強好勝，還像智障一樣對天下炫耀自己很厲害嗎？哈哈哈。」

儒家的興趣就是到處維護禮教，農夫先生不要這樣傷害人家好嗎？（嘴砲儒家很喜歡沒事找事，破壞天性又到處炫耀，講不贏還會生氣，真的有點智障。）

二、孔子有天去國家圖書館陪老子聊天（《天道》）。

「老聃啊，我想用仁義來治理國家blahblahblah……（三小時後）」

「乾你好囉嗦，講重點，什麼是仁義？」

「坦誠歡樂，博愛無私。」

「孔丘啊，你一直推銷仁義，卻不知道萬物本來就有常道。你這樣一直煩大家，眞的是教壞小孩耶。」

老子：「囉嗦，看看我，《道德經》才五千字。」（儒家很囉唆很吵，又喜歡自己制定規則逼人遵守，討厭。）

三、聖人柳下惠他弟是山賊王盜跖，孔子跑去山寨溫情喊話（《盜跖》）。

「請問是盜跖先生嗎？我魯國孔丘啦。」

「不好意思，我們這邊只殺人越貨，不接受推銷喔。」

「沒有啦，我只是要勸你改過向善，接受仁義啦。」

「啊！你不是只會搬弄是非的僞君子孔丘嗎？限你三秒消失不然變我晚餐。」

「喔好拜拜。」（瞬移消失）

要砍人前還給逃走機會，其實盜跖人還不錯。（儒家很愛行銷仁義，然後盡是瑕疵品，退貨還不給退。）

四、在魯國人事總局，魯哀公正跟主管顏闔討論面試（《列禦寇》）。

「我覺得孔丘履歷不錯啊！要不要錄取他？」

「孔丘只會說大話、搞表面工夫，還會帶壞民眾。大家都變僞君子怎麼辦？」

「所以你的意思是？」

「不要。」

「他好吵，我也覺得不要哈哈哈。」（隨手把履歷扔到垃圾桶。）

孔子的履歷被扔到垃圾桶好像也不是第一次了。（儒家就是愛教壞小孩又顧人怨。）

五、孔子南游經過楚國，停紅綠燈時遇上遊民接輿（《人間世》）。

「鳳兮、鳳兮。何如德之衰也……」

「先生，請問你剛剛在唱什麼？」孔子搖下車窗。

「我是要跟你說，現在當聖人沒前途啦！推銷仁義現在已經不夯了！」

「蛤？」

規。）

「趕快轉行還有救！現在當隱士最棒，我隔壁鄰居他小孩之前隱居……」

這段好像我去菜市場買菜，賣菜阿姨跟我說的生涯規畫。（嘴砲儒家不知變通，拘泥舊規。）

「聖人不死，大盜不止。」（馬的聖人一直教壞小孩耶。）

聖人總是自以爲是地講一堆屁話、製造一堆屁事，然後用屁話堆疊成一個社會，企圖把所有人都變得像自己一樣屁，你有意見還不給講，講不贏還生氣（聽起來好熟悉）。

「忠誠」「合群」應勢而出，而「自己」「本性」就不見了。

你說莊子憤世嗎？我覺得是，畢竟那個年代聚集了太多他媽討厭的事。

儒家入世的態度似乎注定跟道家有根本上的衝突，不管是辦事手法、生命準則、價值觀念、乃至人生目標。

而孔子也眞的被隱者酸過至少N遍。後來儒家跟道家你一句我一句，衝突也越演越烈（相關不適當言論請洽一代戰神孟軻）。不過仔細想想，儒家會這麼生氣，倒是第一次有道理。

畢竟，自己堅持一輩子的信條，因道家一句話就被當成不屑一顧的垃圾。

不管是誰，似乎都會崩潰吧。

跟隔壁棚比，我們算良心學說

道家一直給人一種印象，那就是清靜無爲，似乎跟世俗什麼關係都沒有。但事實並非如此。

比起天生就有拯救世界使命，卻常常因爲不知變通，而從義士變烈士的儒家，道家在處理這種事時，實際上的態度務實很多。（儒家只會教禮樂，忘記教人心險惡。）

《莊子》內篇大致可分幾個部分，一部分是前面的《逍遙遊》《齊物論》等，主要在講以萬物齊一的眼界去看事物，用來提升讀者心靈層次，屬於精神哲學部分。另一部分就是現實點的《養生主》跟《人間世》。《養生主》叫你要依順天性，想辦法自保；《人間世》就是教你要如何在殘酷的現實中自保。（儒家都不會教，只會鼓勵大家爲老闆去死。）

《人間世》這齣戲，主角兩位：分別是魯國厚黑學大師孔丘，跟他未出社會、懷抱夢想的熱血儒家青年顏回；舞臺就是殘酷無比的現實。

故事一開始便是顏回跟老師稟告自己要去衛國當官了。

「老師，我要去衛國當官了。」（曰：「將之衛。」）

「蛤？當官？」

「對，雖然衛國戰爭超多、政策超爛，老闆還很智障，但為了和平，我一定要去。」

（願以所聞思其則，庶幾其國有瘳乎！）

孔子以不可思議的表情看著顏回。

「像你這種個性，大概三天就被人鬥下臺了吧。」孔子一反常態，喝了口水。

聽見老師這番話，顏回露出難以置信的表情。

「衛國國君如果有道，衛國早就治理好了，還用你來教？如果內心軟弱，最後便落得抱國君大腿苟活的下場；如果過於直言勸諫，我想你應該會變成政敵的靶子吧！」

說完，孔子抬起眼，望著一臉不安的菜鳥顏回。

「不過你還是說說你的想法吧！年輕人！」

「我想嚴謹虛心，努力專一做事。」（這回答真的很菜。）

「沒有用，老闆喜怒無常，說錯話整個衛國卻沒人敢指正。為這種人做再多都沒用！」

（中略，反正顏回又被孔子酸了。）

「那老師我要怎麼辦？」

「只有一個祕訣，心齋。」

「喔，心齋？」（聽起來很厲害。）

接下來請深呼吸，莊周告訴你怎麼保護自己：

「心齋」步驟一：專一心志，不要有任何雜念。

「心齋」步驟二：忘記自己本身的存在，依外物變化。

好了，實踐「心齋」最重要的一步來了。

「保持低調，做事要假掰點；假裝自己都不得已，免得太出風頭；然後能說就說，不能說就閉嘴快走，跑的時候從容點。」（走爲上策，眞的良心，然後這眞的是原文的意思。）

社會很險惡，人心很複雜，靠理想跟正直絕不可能成功，一不小心連命都會丟了。

儒家雖熟讀經典、牢記聖人之言，卻不懂怎麼解決問題。

「所存於己者未定，何暇至於暴人之所行？」（自己都沒準備好，怎麼有資格對抗壞人的暴行呢？）

在豺狼虎豹面前，任何人都沒有資格懷抱天眞。

殘酷、精準，莊子比誰都看清現實。

以不觸及名利、不威脅他人爲前提，兼顧保護自己，並且用低調包裝，進行最大努力的遊說，便是莊子認爲務實的手段。

對於解決問題，道家在變通上比儒家的封建迷人多了。

不只如此，還教你找尋快樂跟愛惜生命。比起儒家，道家眞他媽良心學說。

我廢物我驕傲

「廢人」，是我對莊周的第一印象。

老實說，這個印象一直留到我國中、高中，久久未能散去。

在我記憶裡，莊周就是一個愛嘴砲、愛說大話，然後毫無戰鬥力的人。這種人，在我們這個嗜血的世界似乎格格不入，我甚至覺得自己會因爲讀《莊子》而抗拒面對升學考試的壓力、拒絕進步。

但在我開始學習面對世界後，我開始明白莊周到底在講什麼了。

有棵大樹，它長在山坡上，粗壯而高大，一名工匠想拿它來製作器具，走近一看卻搖搖頭，因爲他發現這棵樹雖然粗，卻沒辦法做家具，材質不堅固、形狀也不好；不但不能防腐，還容易長蟲。

「乾貞是廢物！」木匠踢了踢樹，生氣地走了。

夜裡，木匠夢見那棵樹跑來托夢，而那棵樹說了句：

「靠北，木頭有用都被砍了，你不知道我要廢很辛苦嗎？」（大家出來討生活都不容易啊！混個陽光空氣水錯了嗎？）

讀完這段故事，我只有一個感想：

「原來莊子靠北世界眞的是他媽有道理啊！」

你周遭的世界一直教你要成爲「有用的人」。

但莊子告訴你要成爲「無用的人」。

因爲當你成爲有用的人後，你就只是爲了滿足大家需求活著而已，然後就順便成爲「被需要的人」。

老闆需要你，因爲你有用。他不會管你除了工作外的其他東西，然後薪水還是一樣少。（然後還要你替公司著想。想三小，那心意可以跟薪水成比例嗎？）

周遭需要你，因爲你有用。無論是家人還是朋友，如果你沒用，在他們眼中就是負擔。（大家都被觀念束縛，基本上溝通也沒用啦！）

社會需要你，因爲你有用。你如果沒用，社會也不需要你了。（這就是現實。）
所以你的世界基本上就是塗滿了一堆亂七八糟的顏色。
而莊周就是守護這塊畫布上最後一隅空白的人。
莊周大叔告訴你，耍廢，不是逃避，而是找尋人生意義。
耍廢，是爲了反抗世俗價值，只爲了找回自己身爲人的本性。
耍廢，是爲了自保，能在險惡的世界悠遊自適地活著。
耍廢，是爲了更美好的將來。
沒有用的世界，才容得下更多夢想跟可能性。
你，還不耍廢嗎？

「敏鎬，明天要期末考，你怎麼還躺在床上耍廢？」
「傻瓜，我是在尋找人生意義。」
成爲廢人，成爲有夢想的人吧。

尷尬怎麼辦？交給莊子就夠囉！

人生糟糕的時刻很多，像過年、面試、上臺報告之類的。而這些時刻即使是如孔子之流，也是無可避免的（一如必定會有親戚關心你的人生）。悲傷的是，這些時刻還不少；換句話說，我們的人生就是由一個個笑話穿插著這些時刻所組成的。

怎麼樣？很可悲吧？

莊周剛好就是處理這些時刻的專家。

一、面試：反客為主，別讓資方主宰你的人生（尷尬度五〇%）

面試一直是人們心頭上最痛的那塊。你的人生會化成表格，赤裸裸地攤在面試官眼前，接著就是逼你在現實跟夢想間妥協，然後簽下惡魔賣身契。

在濮水之畔，莊子正悠哉地釣著魚，兩個衣著華麗的人走近。

「莊周先生嗎？我們是楚國企業派來跟您面試的，想請問您是否有意願擔任宰相？」

「喔？那業務範圍是？」

「就負責楚國國政這樣。」（願以境內累矣！）

「是喔，那想問一個問題。」

「歡迎，是問薪水嗎？還是一年特休有幾天？」

「有一隻神龜死後被放在宗廟裡。請問牠是想死後被供著，還是活著在泥巴打滾？」

「當然是在泥巴裡打滾囉！」

「好，謝謝再聯絡囉！」（往矣！吾將曳尾於塗中。）

以上翻譯：「你們的工作很糞，不要再來煩我。」

敢說老闆的工作很糞，然後打槍姿態如此瀟灑，莊子真的是勞工之光。

二、同學會：說好不再見，乾脆別見面（尷尬度七〇%）

世上一定存在著有錢人，然後 maybe 他們都會是你的同學，然後他們 maybe 就不小心透露自己薪水比你高，最後你 necessarily 會 very 生氣。

有個人跑去見宋王，一張嘴說得宋王開心到不要不要的，順手就送他十輛車（土豪老闆不意外）。坐車回家路上就這麼不小心遇上莊子了。

「嗨莊周，好久不見，你要回家嗎？」
「對啊。」（翻白眼。）
「宋王送我十輛車，送你一輛好了。啊不小心說出來了，呵呵。」
眞的是 maybe 到不小心呢，然後莊子就開始嗆人了。
「有人跑到龍穴採珠，回去被他爸打一頓。他爸說，這條龍很凶猛，要不是牠睡著了，你百分之百連命都沒有。
「今天宋王是心情好才給你車，明天心情不好送你刀片也不一定，你不知死活還跑來炫耀，可悲！」
以上翻譯：「你有錢也沒命花，低能。」
連嗆人都可以蘊含如此深的道理，孟子眞的要跟莊子學兩招。

三、開口借錢：不用我說，這個尷尬度破表。（尷尬度三〇〇%）

口袋沒錢時，你就是低等公民。
因家裡斷炊，莊子跑去跟監河侯借米解危。
「借錢好啊！等我收到租金後，我再借你三百金解危。」

莊周看著監河侯說完話，心裡想：「這傢伙講幹話怎麼比我還厲害？」
身價輸人，至少幹話不能輸。
「我昨天在路上看到一條魚，牠說牠快渴死了，要我給牠一杯水解渴。
「我就說，我之後再跟吳、越兩國國君說一聲，請他們做個工程，引水來救你。
「魚很不爽，表示等我引來時，要找牠請去鹹魚店。」
以上翻譯：「不想借直接說，幹話不要講太多。」
就算借錢失敗也不能被糗到，莊子眞的是窮鬼裡最飄逸的那一種。
什麼是尷尬？就是人生遇到困難的時候。
那人生遇到困難時怎麼辦？
傻瓜，轉個彎，把尷尬丟給別人就可以囉！

霸氣遊民小宰相

情侶是種很有趣的生物。
據我觀察多年的心得，每對情侶都是需要養成的。

換句話說，一見鍾情只存在超商的純愛小說裡。

但「天生冤家」卻是可以冥冥中注定。

惠施，宋國人，口才犀利、邏輯清晰、好起爭議，在當時是名家的第一高手（名辯之學，專長是邏輯和語言分析）。

如果我們稍稍明白他，就不難看出他是屬於個性嚴謹、喜歡爭強的那種人。

而這種人，天生就跟浪漫、隨興、天然呆不對盤。

惠施在跟莊子相遇之前，也是在外面闖蕩過的。當時他的對手叫張儀，一個靠舌頭就攪得六國將相雞犬不寧的男人。

惠施主張反對秦國，負責在魏國擔任聯絡與遊說的工作。而秦王也派出最強打手張儀來對魏國施壓，兩人就此交鋒。

交鋒的結果也很明顯，惠施被張儀擊敗，只能回老家宋國。

而他便是在此時，在一棵樗樹下，遇見生命中最討厭的人——莊周。

戀愛的序章

根據純愛小說，火花的產生，總要在極端的個性下才有可能。至於這段孽緣，在惠施第一眼見到莊周時就訂下了。具體情形未記載，但一定是惠施開口，而莊周隨口答了幾句。惠施很快就發現，眼前這個滿臉微笑的男人所看的世界，跟他明白的一切截然不同，境界更是天壤之別，自己完全說不動他。

但認輸就不是惠施了。

「我是什麼人？我惠施耶！」當年以一張嘴說動公卿、一套「合同異」理論讓無數嘴砲高手甘拜下風的惠施，怎麼可能輸給你這個宋國小老百姓。

自此之後，是更多相處、辯論、拌嘴。

磨合期

磨合過一段時間後，情侶兩人會開始送一些小東西互表心意，做爲體貼對方的象徵；通常學妹會送一些手織圍巾、手工餅乾之類的東西。

但惠施送的是手種嚴選葫蘆。

「莊周，這是我家種的葫蘆，有多種的，送你。」惠施遞出葫蘆，臉上帶著點不情願。

「謝啦，你親手種的喔！」莊周看了看葫蘆，一臉天眞。

「少亂說。對了，這葫蘆很大卻很薄，沒辦法當水瓢裝水，大而無用，跟你一樣廢，我想把它打碎。」惠施話鋒一轉，開始找莊周麻煩。

「哈哈，那是你見識太淺。不同用法，結果不同。就我來說，它可以綁在腰上，拿來當人體漂漂樂玩水用。不識貨的笨蛋，哈哈。」

「……」

不能盛水也無所謂，至少能盛裝對你的思念。

曖昧期

在磨合期過後，雖然偶有一些爭吵，但如果其中一方比較主動，便會開始嘗試約會、踏青，做一些能貼近對方生活的活動。而此時，可能是荷爾蒙作祟，雙方的情緒很容易因爲一些外在因素受到波動（像天上的雲、橋下的魚）。

一天傍晚，惠施和莊周兩人在郊外踏青，走到了一座橋上。

「惠施，你看那些魚，悠遊自在，好不快樂！」莊周開心地大笑。到底是誰比較快樂啊？惠施按捺不住心中激動，開始吐槽。

「你又不是魚，哪裡知道魚的快樂？」

「你又不是我，哪裡不知道我知道魚的快樂？」莊周把問題像網球般打回去。

「對啦我不是你，但你也不是魚啊！所以你絕對不知道魚有多快樂！」惠施頂嘴。

「你會先問我怎麼知道魚快樂，那就是因爲你知道我知道魚快樂啊！」

「狡辯！」惠施開始哇哇大叫，莊周也笑起來。

兩人在橋邊嬉戲到夕陽落下，一條魚游來，徐徐鑽入石縫之中。

衝突期

此時是一個相當關鍵的時期，在曖昧不清後，總需要有起事件來結束兩人的尷尬。而這起事件在小說中大概是轉學、調職、失憶、還是出個車禍什麼的。總之，男主角的行動跟勇氣，決定了這段戀情是否有資格存續。

惠施因爲工作緣故，到梁國擔任宰相，不得不跟莊周分開。想著昔日跟他在橋上嬉戲的日子，惠施望著窗外沉思。

算了吧，都說好要忘記了，專心好好生活吧。

「大人，聽說莊周要來大梁境內。」

「什麼？是來找我的嗎？」惠施從床上跳起，抓住僕人的肩膀。

「是啊，會不會是要來搶大人您官位……」僕人忍著劇痛。

「給我找！把他找出來！」惠施雙眼發亮。

惠施找了三天三夜，卻無法找到莊周的蹤跡。

「你到底身在何方？」惠施嘆氣道，抬起頭，卻見莊周站在門口。

「莊周，你來啦！」惠施一臉驚恐。

「是啊，來見你啦！宰相大人。」莊周一派神氣。

「你有什麼要跟我說的？」惠施不安地搓著手，只見莊周雙唇溫柔地張開。

「我對祿位就像鳳凰對死老鼠一樣，對你的梁國才沒興趣，別拿這個來嚇我！」

「……」莊周，你特地跑來只爲跟我說這個？

誤會，有時候會造成美麗的幻想。

思念期

悲劇總是比喜劇美的多，票房也是。男女主角終究會被分開，理由很多：像是搬家、錯過、家人反對之類。而最悲傷卻最美的結局，便是以死亡隔開兩人。

「在剩下的時光裡，只充滿對你的思念。」

莊周對死亡一直不放在心上，因爲他早就看破生死。所以妻子死去時，他仍然能箕踞而笑、鼓盆而歌。

因爲生死本是一體，本是有常，何必大驚小怪？

但他萬萬沒想到這一天會如此快降臨到惠施身上。

偶然之下，莊子經過了惠施的墓地。

「是惠施啊……好久不見……」莊子盯著墓碑看得出神。

一股奇怪的感覺湧上心頭。

他忽然想起自己曾跟惠施辯論過「人是否有情」的問題。

一樣的雨天，一樣的神情，一樣是惠施慘敗。

但如今他卻希望眼前這個人能爬起來打敗他當初的無情之論。

「曾有個郢人，能站著讓石匠以斧頭削去鼻上的石灰；而郢人死後，石匠便再也沒有對象能施展這項絕技了。」

「自從惠施死後，世上便再沒有一個能跟我再多談幾句的人了。」

一滴雨落在莊周臉上，再緩緩落下，滴在墓碑前，彷彿從來不存在過。

回歸單身的日子

人生，不過是一場未盡的戲。沒有你，好好生活，也是種浪漫。

其實一切都像一種循環、一場戲。

生與死，聚與散。

人與人的相遇也一樣。

所以我曾對人說，成熟的人都很像職業演員。

因爲他們不是不畏懼分離，而是明白人生這個舞臺上，一場戲又結束了。

「緣分」是一種很玄的說詞，但似乎只有它才能匹配我們不成熟的心。

心若無法承受，就當是緣盡了。

不必再像魚兒般，爲了已逝的事物，苦苦吐著口水苟延殘喘。

因爲你我的記憶，早已深深烙印在心裡。
所缺的那一塊，就只是瀟灑的道別罷了。
「相濡以沫，不如相忘於江湖。」

夢醒時分

「方其夢也，不知其夢也，夢之中又占其夢焉，覺而後知其夢也，且有大覺而後知其大夢也。」

人生總是在做夢、不斷追逐著夢，最後等到夢醒時才備感惆悵。
莊周的夢也該是時候醒了。

帶著些許頭疼，莊周在一棵陌生的樹下醒來。
自己小酌後一個人出來散步，自然而然就睡著了呀。莊周看著天空。
摸著身上被露水弄濕的衣裳，他想著昨晚做過的夢。
夢見自己在無數武士前喝斥公卿，又轉身離去的背影。

夢見自己在官署裡，成天埋首在數不清的雜事裡，只爲了吃一頓飯。

夢見自己年老死去，弟子們悲傷的哭聲正縈繞耳邊。

夢見自己拍著翅膀飛行，而圍繞身邊的，是叫不出名字的花。

夢見有個人曾跟自己爭辯，又發生好多好多事，但怎麼也想不起那個人的名字。

他夢見好多事情，其中也包括自己在做夢。

也許是宿醉，也許是夢醒的惆悵，莊周倚著樹，正準備再次入睡。

「這是什麼？」一種微妙的感覺在指尖擴散開，莊周微微睜開眼角。

一隻色彩斑斕的蝴蝶正停在指尖上。

莊周眨了眨眼，蝴蝶卻消失了，彷彿不曾存在過。

是做夢嗎？但指上的感覺卻又如此清晰。

不去想這些事，莊周闔上眼，又在樹下沉沉睡去。

什麼是夢？什麼不是夢？似乎也不是很重要了。

「俄然覺，則蘧蘧然周也。不知周之夢爲胡蝶與，胡蝶之夢爲周與？」——《莊子・齊物論》

上班不能說的小事

「阮籍，每天翻白眼會不會不舒服啊？」

「我覺得看到你更不舒服。」

——四十歲的阮籍先生，職業是公務員。

——興趣是偷懶、嗑藥和翻白眼。

——曾經喝醉後成功騎完直線七秒，震驚了整個監理站。

上班這件事

「上班者，勞心費力以圖一餐之溫飽也。世人常畏之如獸。」——《敏鎬大辭典》

上班其實是一件很有學問的事。

而且讓無數人為了它掙扎了數千年。

「你會為了溫飽去做自己不喜歡的事嗎？」

「為了麵包，你是否放棄了夢想？」

「我小時候的夢想是要開飛機啊，為什麼會坐在這裡？」

「主管打電話來了，我該接嗎？」

以上摘自《敏鎬的上班哲學五十問》。事實上，上班時能想到的問題遠遠超出五十問，這不過是冰山一角。

一天八小時，一年工作兩百五十天，一生工作四十年，約占了人生近一半的時間。

「而你在錯誤的時間做著錯誤的事，只為成就看似正確的人生。」

媽呀，照這看來，「上班」已經升級成哲學問題，幾乎快跟人為何存在一樣重要了。你，還敢不思考上班到底是怎麼一回事？

所以，下一次看見你同事在座位上兩眼放空、望著更深邃的未來時，別懷疑，他們不是在發呆，而是在思考人生。

過勞的誕生

中國由於「文官制度」發達，早早就定下了「職場文化」這種糟糕傳統。

首先，你要進公司的流程基本上是這樣：周朝階級制（看你爸是誰）、漢朝察舉制（要有人推薦）、魏晉九品中正制（看你爸是誰）。到了隋唐才開始公平點，有了筆試加上面試的科舉制度（但還是不公平，因為一堆人會走後門作弊）；而到了宋朝，由於採用超級嚴格的手續（彌封加抄錄），這種糾葛才告結束。

但進了公司，你以為就只是每天上班下班，打完卡等領薪水？

經驗告訴我們，世事沒有這麼簡單。

因爲人是天眞的，現實是殘酷的。

在古代職場，你不但要做一堆雜事，更有著數不盡的應酬、早晨會議。

此外，學會看風向、抱大腿（如牛李黨爭、南北黨爭）已是例行公事；必要時，就算上司很討厭，但爲了求生，大腿你還是要抱（如東林黨爭）。

但就算拉幫結派，你還是會過著沒保障的人生，因爲除了要隨時提心吊膽自己下一秒會被公司解雇，要是老闆一個不開心，你可能也會從人生被解雇。

而除了老闆不開心，「過勞」也是許多人從人生被解雇的方法之一。

故事大多脫離不了低能老闆。SOP通常是在低能老闆做一堆智障事後，要有超carry員工來收爛攤子，然後就有了過勞的產生。而過勞員工名單上也不乏知名人物，像諸葛亮、張居正都榜上有名。（用生命照亮公司，讚！）

「陛下亦宜自課，以諮諏善道，察納雅言，深追先帝遺詔，臣不勝受恩感激。」

翻譯：「乾低能兒不要再雷了，老子要累死了你知道嗎？」（諸葛亮《前出師表》）

勞資跟生命的剝削看似不斷延續。

但在魏晉，有一群員工，除了逆轉這個宿命，還以自己的方式開始革命。

「敏鎬，所以他們用大智慧解決了人生煩惱？」

「如果打混也算一種智慧，那他們應該是史上最有智慧的人。」

司馬氏報復計畫

魏晉朝廷的職場環境是相當糟糕的。

當時司馬氏一族掌握了軍政大權，在高平陵之變後，更幫一大票曹魏宗室大臣辦了場人生送別趴，導致朝中人心惶惶，甚至產生某天自己會從人生下班的錯覺。

但生命總會找到自己的出路，而人也總有變通的方法。

比起繼承了祖師爺孟子嘴砲技能的宋儒，魏晉時期由於戰亂頻繁，而且老闆經常換人，在工作跟人生都不穩定的狀態下，士人們所崇拜的是戰國另一位超級宗師——莊子。

工作內容也從如何關心國家衆生，變成關心自己人生。

魏晉兩代的儒家招牌破舊程度應該是歷史上第二（第一是文革時期）。

而玄學，一種以道家雙璧（老子、莊子）跟儒家《周易》爲主，專門探討「有」「無」和「名教之別」等哲學問題——總之將一切建築在理論跟嘴砲的超狂學問就此登場。

但玄學也非憑空出世，本就有著悠久歷史，只是在儒家招牌金到發亮的漢朝（獨尊儒術）施展不開；後來由於劉氏企業倒閉時太難看（漢末天下大亂），連帶拖累到儒學「禮教至上」的招牌。反覆政權交替、腐敗惡劣的朝廷、朝不保夕的人生觀，讓當時已有一定基礎的玄學理論終於得到機會，就此發揚光大。

所以說，員工的懶散，一半要歸責於公司啊！

「敏鎬，那玄學是怎麼來的？」

一個糟糕的年代，一份討厭的工作，一群苦悶的人。玄學就這樣誕生了。

「敏鎬，照這樣說，我好像也能成為玄學家耶。」

「也對，我也希望每個主管都能無為而治。」

上班偷偷做的事

你上班時會偷偷做些什麼？

逛網拍？湊團購？還是偷偷看糟糕網站？

但不管怎麼樣，你一定比下面這群人好得多。

《世說新語》這部筆記小說是大多數人對魏晉文化的第一印象。

而它基本上就是古文版《壹週刊》，內容記載著大大小小的公務員八卦，而且絕大部分都在集中在酗酒（這是流行要跟上）、嗑藥（五石散，嗑了會很嗨）、不洗澡（我們很崇尚自然，懂？）。

但更重要的是，這些事都是在上班中發生的。

「上班做這種事，這卡你打得下去？良心不會痛嗎？」馬的你們吸的、嗑的都是人民的稅金耶。

沒辦法，在玄學盛行的時代，自然就是美，太重視禮節還會被愛嘴砲的同事嘲笑。所以啊，不洗澡基本上就是一種跟「萬物冥合」「與自然相化」的行動藝術。（蛤？）

而嗑「五石散」這種玩命藝術在士人之間更是一種流行。

雖然便利商店沒賣，但我們還是稍微列一下成分好了：

成分：以硫磺、石英、雲母等礦石調和而成。

功效：祛寒、美白，據說不但可以驅瘧疾，還能當春藥使用。

特徵：魂不守宅、血不華色、精爽煙浮、容若槁木，謂之鬼幽。

翻譯：你會很嗨，還會很白，然後像個死人。

當時嗑藥上班的先驅是人稱魏宮第一美男子何晏。

何晏做爲神藥五石散的代言人，不但顏值高，還因爲把保養品拿來吃，使得皮膚白裡透紅，連魏文帝曹丕都嫉妒，更引起人人仿效，可說是走在流行尖端。

在《世說新語》裡有一則何晏對五石散的服用評價：

「何大人，你可以說說爲什麼要嗑五石散嗎？」

何晏轉了轉眼珠，淡淡說了一句：

「跟你說，嗑了它，不單可以治病，還會很嗨喔，哈哈哈。」（服五石散，非惟治病，亦覺神明開朗。）

我眞心不懂流行。

茶水間的故事

「小確幸，一種微小而確切的幸福。」

「如果沒有這種小確幸，人生只不過像乾巴巴的沙漠而已。」——村上春樹的確，在一個疲憊的靈魂裡，所需要的，不過是一點微弱的火苗。但在魏晉朝廷的公務員心裡，這把火應該很旺。

基於惡劣的職場環境，魏晉士人個個都有自己專屬用來消磨日子的小確幸。像是阮籍、周伯仁偏愛在下班後喝個大醉、王戎跟祖約很愛沒事看看自己的財物，而阮孚（竹林七賢阮咸的兒子）則喜歡下班後當起木屐維修商。

吏部郎畢卓在上班時吃團購美食蟹螯順便酗酒後，曾說過一句名言：

「給我一隻蟹螯和一杯酒，我可以給你全世界。」（一手持蟹螯，一手持酒杯，拍浮酒池中，便足了一生。）

「……」

這麼喜歡吃螃蟹當公務員幹嘛啦？是不會去蟹堡王工作喔？

事實證明，這群人雖然不是蟹堡王員工，但每個人絕對都超越海綿寶寶（腦袋洞都很多）。

當然啦，除了以上這些個人的嗜好外。這群人還有一個共同的嗜好。

那就是「講八卦」。

「講八卦」這種休閒活動可說是歷史悠久。在漢朝時，就有名士會把自己同溫層的朋友找來家裡聚會，順便喝酒聊是非。而這個聚會固定會玩一個「月旦評」的活動，也就是把當時的名士都拿來超級比一比，從家世、才華、氣度各項進行評分，然後分出誰優誰劣的嘴砲運動。

這個運動在以嘴砲維生的六朝官員眼裡，根本比奧運還重要。所以在《世說新語》，你可以看見一堆人競相參與這項神聖運動，動不動就說誰家的誰比不上某家的表弟堂叔之類的，然後又開始互捧、吹噓，連皇帝都逃不過被嘴砲的命運，士人間互相取暖，根本古代溫室，所以就會經常出現以下對話：

桓溫有一回問劉眞長：

「聽說我們那個陛下挺會說話的？」

「嗯，對啊，大概是第二等的人物。」

「喔，所以第一等人物是誰啊？」

「當然我啊，哈哈。」（正是我輩爾。）

你們這群中年大叔的嗜好除了上班摸魚外，眞的只剩出一張嘴了。

由於員工對「小確幸」的喜愛程度太高，使得工作效率直接受到影響。然而雖然效率低得嚇人，但東晉企業居然還可以不倒閉維持幾百年，也成爲歷史上奇蹟之一。

當然，在朝廷上班的朋友沒事就聊聊八卦、打打嘴砲，所以在辦公室，你會看到以下這種對話：

「聽說那個人事處的王藍田昨天吃雞蛋失敗，一直森氣氣哈哈哈。」（〈王藍田食雞子〉）

「聽說會稽分部的王子猷昨晚去找朋友，結果到門口就直接回來了，他是不是沒朋友啊？」（〈王子猷雪夜訪戴〉）

「那個鍾毓聽說小時候超會流汗，根本肥宅哈哈哈。」（〈二鍾兄弟少有令譽〉）

「老闆想秀他兒子很聰明，結果開會時屁孩耍笨亂講話超糗。」（〈長安何如日遠〉）

「文書室的左思眞的長超醜，我昨天還看到他被菜市場阿桑吐口水。」

「可是公司第一美男子潘岳昨天一出門就被鮮花包圍耶。」

「沒辦法，人帥眞好，人醜性騷擾嘛！哈哈！」（〈左太沖絕醜〉）

人家被吐口水干你屁事？被潑漆也沒你家的事。

此外，在當時，成爲「名士」可說人人趨之若鶩，而當「名士」的條件也相當神奇。皇室外戚王恭曾經表示：「但使常得無事，痛飲酒，熟讀《離騷》，便可稱名士。」（如果可以整天閒閒不做事然後喝到爛醉，還跟《離騷》很熟的話就可以叫名士啦！）

你們履歷表上除了標血統外還有其他專長嗎？

「敏鎬，員工這麼混，老闆都不會生氣嗎？」

有，而且老闆眞的反抗過了。

有一次，晉元帝把官員阮孚叫來（上面那個阮咸的兒子，有這種血統不意外）。

「這個遙集（阮孚的字）啊，雖然我平常不管你酗酒，但現在朝廷紛亂，業績還是要有，工作還是要做啊！」（卿既統軍府，郊壘多事，宜節飲也。）

阮孚翻了翻白眼，只淡淡說了幾句話：「日月自朗，臣亦何可爝火不息？正應端拱嘯詠，以樂當年耳。」[20]

白話翻譯：「不要。」

老天爺，原來這就是史書認證的薪水小偷。

辦公室不能說的事

在辦公室基本上就跟在十字路口一樣。

---

[20] 前兩句意指太陽月亮已然光明，不需要再靠其他東西增加亮度；後兩句指「無為而治」「垂拱而治」的道家太平精神。但這整句在這裡只代表阮孚不想上班的屁話而已。

因爲你需要停看聽：主管臉色要看、不能做的要停，有些話要當做從來沒聽過。

而在魏晉的辦公室裡，這個規則更重要，因爲不能說的事眞的太多了。

一進辦公室你就會發現，自己的主管要不就是打混，要不就盡做些蠢事。

王敦曾因吃廁所清潔劑被僕人恥笑（幸好不是通樂）。

郗鑒曾因爲煉丹吞太多紙符而便祕（宮廟捐獻很多）。

阮咸曾和家裡養的豬同喝一缸酒（喜歡小動物？）。

殷羨曾幫人帶信，半途一個不爽就把信全都丟到河裡。

「要浮要沉你自己決定吧！老子不爽當郵差了！哈哈哈。」殷羨對河面叫囂。

公務員的壓力看起來眞的很大。

但這還不是最扯的。

王子猷曾到郗恢家中參觀，看到了一條很美的地毯，就叫僕人幹走地毯。

「咦？子猷，我家地毯跑去哪裡了？」

「沒啦，剛剛路邊有一個大力士經過把它幹走了。」

這理由我猜三歲小孩都不會信。

除了主管有很多都是低能兒外，魏晉的職場「潛規則」也非常多。

「先生，你履歷寫是出身瑯琊王家呀！」

「對啊，我家在瑯琊那賣菜很有名的！」

「out！」

「先生，你似乎沒有人推薦喔？」

「可是大哥，我很有才華耶……」

「out！」

「先生，你出門前有沒有照過鏡子？」

「沒有，怎麼了嗎？」

「out！」

「先生，你沒帶履歷、寫字又醜、來面試還翹腳？你是在跩什麼啦?!」

「我爸王導。」（輔佐三朝，出將入相，超威。）

「少爺，先安排個散騎侍郎的工作給您好嗎？」

不能說的事不只有潛規則跟主管的糗事，還有午休時那些不可告人的祕密。

公司 CEO 王導一直跟公司老臣周伯仁走得很近。

而在某天，祕書送文件到辦公室時，看到了以下這幕：

老臣周伯仁正在榻上跟某個人談話。祕書定睛一看，不得了了：周伯仁的膝上竟躺著公司 CEO 王導！

「伯仁，你說你這裡都裝了些什麼？」王導摸了摸伯仁的肚子。

「討厭，雖然空空的，還能裝下你們這些人。」（然容卿輩數百人。）

這辦公室，是幸福的吧。

但辦公室裡，也有人是不幸福的。

那個人就是號稱魏晉第一偶像的嵇康。

因爲討厭司馬氏，嵇康在上班時相當「積極」擺爛，讓老闆司馬昭很不開心。

但不開心歸不開心，人家畢竟是偶像，所以司馬昭仍對嵇康示好，要他來抱自己的「黃金大腿」。

可是黃金大腿長在討厭的人身上看起來大概跟破銅爛鐵差不多，嵇康不只不領情，還給來當說客的朋友山濤寫了一封「刪好友公告」（《與山巨源絕交書》）。

厄運也就此來了。

抱司馬昭大腿抱最緊的鍾會偏偏是嵇康的腦粉，但由於嵇康討厭司馬昭，所以也連帶看不起他大腿旁的鍾會。悲劇就在鍾會跑去跟偶像見面時發生了。

滿心仰慕的鍾會來到嵇康家，想要偶像簽名。

而嵇康正裸著上身，跟向秀一起打鐵。

「鏗！鏗！」嵇康打著鐵，而向秀在底下幫他鼓風起火。

「那個，請問是嵇康嵇叔夜先生……」鍾會上前拜見，但嵇康視而不見。

「呼！呼！」向秀吹得更大力了。

「我是鍾會鍾士季啦……」鍾會遞出名帖。

「鏗！鏗！」白色的火花㉑從兩人之間噴出。

「我想要簽名……」

「呼！呼！」

「……」

像嘲笑鍾會般，打鐵聲鏗鏗作響，但鍾會心底那把火可是比爐中的火還旺上百倍。

後來嵇康的下場可想而知（鍾會掰了個藉口把嵇康宰了）。

值得一提的是，嵇康的三千太學生腦粉聽到嵇康被處死刑的消息，開始緊急動員，聯名

㉑根據維基百科，火焰的顏色是隨溫度而變的，像黃色（460℃～570℃）、白色（740℃～1150℃），絕對沒有其他意思。

要拯救偶像。

在行刑當天，這群腦粉居然到場聲援嵇康，要求釋放偶像。嵇康看了熱淚盈眶，直接在刑場舉行演奏會，彈了自己的成名曲《廣陵散》，果然，偶像一出手，讓現場差點暴動，連司馬昭看了也傻眼。

「敏鎬，然後呢？」

然後他就死掉了。

大叔時代的來臨

好了，既然都提到嵇康，也不能不提這群人了。

建安二十三年（西元二一八年）前後，北方發生了一場大瘟疫，導致當時頗負盛名、文人界中的偶像組合「建安七子」相繼去世（除了因爲偷酸曹操被宰掉的孔融，其他人大多病死），讓當時的文學界爲之一暗。

經過數十年，一個嶄新的偶像團體——「竹林七賢」，成爲那個時代的唯一記憶。

我們先看看這個團體有什麼人：

嵇康：技能為彈琴，兼任顏值擔當。
阮籍：技能為翻白眼，阮氏一族「白眼」高手，但是會迷路。
阮咸：技能為彈阮（吉他手，前面那位是keyboard手），低能兒一枚。
劉伶：技能是裸奔，酒鬼一枚，但顏值不高。（左思：呀比！）
王戎：技能為存錢，富二代出身。
山濤：技能為被絕交，好人一枚，一生中最出名的事是被嵇康討厭。
向秀：技能為打鐵，嵇康的小弟。
然後以上大部分都不擅長上班。
有吟遊詩人、錢莊和鐵匠，不說這是竹林七賢，你會以為是電玩《世紀帝國》魏晉版。
酗酒、嗑藥、才華洋溢、荒腔走板的人生，這群人放到現在一樣潮度爆表。
試想，一群高顏值的中年大叔衣衫不整地坐臥在竹林之間，彼此笑談、飲酒，忘記了短暫的生命，談著縹緲的宇宙人生，耳邊還響起「鏗、鏗、鏗！」的打鐵聲。
　這畫面其實挺夢幻的。
　但人生一點也不夢幻。

翻白眼吧！阮籍先生！

世上有很多特別技能，像捲舌頭、彈手指、單腳站立之類的，但要說最困難的技能，一定要提到「翻白眼」。

翻白眼，不只要抵抗眼壓跟強烈暈眩感，而且做此動作時，通常處於很想發火的環境中，所以還要有強大自制力，不打人改翻白眼。

簡而言之，想要「翻白眼」，身體、心理、運氣，三者缺一不可。

想學翻白眼眞是偉大的志業。

但遠難於翻白眼的，是隱藏自己的苦悶跟不滿。

而世上沒有人比阮籍更精於此道。

阮籍很聰明，智慧甚至遠比嵇康來得高，也比竹林七賢任何一人高，但就是因爲過於聰明，造成了他悲劇的一生。

跟嵇康一樣，阮籍年輕時也有雄心壯志，甚至狂傲過人。

「壯士何慷慨，志欲威八荒。」

「臨難不顧生，身死魂飛揚。」

「垂聲謝後世，氣節故有常。」

老子要成名！年輕人一句話，根本是「我的志願」！

對看不起的人（社會上占九九%），阮籍一律招待白眼一副，管你是將相公卿還是誰；只有看見知己才士，阮籍才捨得翻回來。

乾，這也太狂了吧。

但美好的日子也有告終的一天。

阮籍突然發現，辦公室似乎每天都有人消失。

自己周遭的幾個同事偶爾會問他幾個問題，幾個關於政治是否正確的問題。

而他們眼中除了恐懼，竟還帶點期待（想起前同事消失前的微笑，壓力真的好大）。

「媽呀，我來到瘋人院了。」

「瘋子。」阮籍心想。

阮籍的辦公室戰鬥之路

優雅，無非離不了內涵、哲理，跟無數遐想。

而優雅耍廢，代表你需要賦予「耍廢動作」意義和哲理。

如果你在上班時追劇？

「我在品味他人如戲劇般的人生。」你喝了口咖啡。

如果你在上班時逛網拍？

「我在考察市場經濟跟電子商務的實用性。」你按了按滑鼠。

如果你在上班時睡覺？

「我在以最小限度的休息，替公司謀取醒來後的最大利益。」

如果你在上班時看謎片？

「老闆，我在體會肉體跟激情碰撞時，那一瞬間的感動。」

「嗣宗，你為何在上班時喝酒？」主管鍾會問醉醺醺的阮籍。

「我是藉由酒精，來為冰冷的職場增加溫暖跟愛。」

閉嘴的人生藝術

通常，麻煩事會發生在剛出社會的「有為青年」身上，你往往會因熱血而答應加班、趕工跟美女同事的請求。這，便是條萬劫不復的路。

但阮籍告訴你，路，是人走出來的。

上班時，阮籍遇上那些想測試他政治正不正確的同事，他選擇了以下方法：

「嗣宗啊，最近朝廷有些事，你有什麼看法啊？」

「……」（宿醉請假。）

「嗣宗啊，陛下這麼做，你覺得恰當嗎？」

「……」（因喝醉早退。）

「嗣宗啊，下班要不要一起喝酒？」

「……」（已直接喝醉。）

禰衡罵黃祖，然後死掉了；孔融酸曹操，然後死掉了；嵇康嘴司馬昭，然後死掉了。

「（鍾會）數以時事問之，欲因其可否而致之罪。籍皆因酣醉而免。」

眞理眞的是何時何地都適用呢。

下班前的必要之惡

但麻煩不是你說不要來，它就會在門口晃兩圈走人的。

「敏鎬，如果主管下班前主動丟事情過來怎麼辦？」

別怕，阮籍這不是來了嗎？

有一回，司馬昭想爲兒子司馬炎找個老婆，左挑右挑，偏偏就挑上了阮籍的女兒。經驗老道的阮籍馬上就嗅出朝廷陰謀、腥風血雨可能找上自己的跡象。

「只是想當個小公務員安養天年有這麼難嗎？」阮籍賭爛地走進辦公室。

更重要的是，他壓根就不想跟噁心的司馬家扯上半點關係（眞的很惹人厭）。

但這個問題不是閉嘴就能解決的，所以他選擇了最常見的方法——「拖」。

當司馬昭的使者來到阮籍家，他看到以下光景：

「阮大人，有件事……」（很醉。）

「既然碰巧喝醉就沒辦法了，我明天再來。」

「阮大人，昨天有件事……」（還是很醉。）

「怎麼又喝醉了，那我明天再來吧。」

六十天後，司馬昭的使者站在阮家門前，想著司馬昭的命令跟阮籍的肝。

總不可能再喝了吧！再喝眞的會肝硬化啊！

「打擾了，請問阮大人……」使者走入門內。

熟悉的場景再次出現，酩酊大醉的阮籍仍呼呼大睡。

使者不禁搖搖頭，聽完使者回報的司馬昭也搖搖頭。

連肝也不要了，那就算了吧。

堅持到底，就是勝利。

你現在知道下班前遇上案子要怎麼辦了吧。

避免職災的漂亮滑壘

如果在辦公室裡被砍頭算是職災，那西晉的勞工應該很危險。可悲的是，比起鬼島的補助金，西晉職災你連半毛都沒得拿。匪夷所思吧。

但若要對付匪夷所思的事，就要以難以理解的事反擊。

而所謂「難以理解的事」，指的便是阮籍本身。

行為藝術家阮籍，曾做過以下諸事：

母親去世，不照母喪之禮，喝酒吃肉，但悲傷時卻吐血數升。（其實很孝順。）

跑去別人家跟人妻一起睡覺。（人妻的老公不介意嗎？）

坐牛車不帶GPS亂走，然後迷路痛哭。（其實跟我滿像的。）

別人家死女兒，充當家屬痛哭。（免費孝女白琴。）
跟嫂嫂告別。（單純於禮不合。）
難以理解，在人們眼裡，阮籍變成跟外星人一樣的存在。
而外星人是不可侵犯的。
不只是外星人，大家也把阮籍當成笑話，一個茶餘飯後的笑話。
對世事禮俗淡薄，同時也跟權力核心保持一段距離，在不得罪所有人的前提下，阮籍開始對這個世界反擊。

「一身不自保，何況戀妻子。」
「誰言萬事艱，逍遙可終生。」
要當我是傻瓜，就當一回傻瓜吧！
阮籍靠著這幾招，成功博得「勞工之光」的外號；當然，他本人也安然到老。
這就是夢想，很渺小的夢想，但比什麼都滿足。
加班費可以不用，我只求安然下班。

童年的畢業典禮

嵇康死後，很多事都變了。

不只是竹林下空出了一個位子，也不是林中再也聽不見悅耳的琴聲，而是所有人都意識到，殺死嵇康的不是司馬昭，是冰冷殘酷的現實。

以前歌中所憧憬、長生不死的神仙海島早已成昨日之事。

大家明白，人生都要抉擇；而嵇康明白，人生難免一死。

「浩浩陰陽移，年命如朝露。人生忽如寄，壽無金石固。」快樂的日子總是會過去，而現實總會到來。

在一夜笙歌後，大家各奔東西，走向完全不同的路。

最年輕的王戎當上了大官，成爲巨富，在亂世中走出自己的路；山濤保護了嵇康的孩子，在司馬昭底下卑微而謹慎地活著；劉伶、阮咸兩人仍放蕩度日，在自己的世界裡愉快生活；而阮籍仍一個人在岔路間徘徊，在人世間不斷浮沉。

一間房子裡，一個消瘦的老人正倚窗而坐。

向秀看著夕陽，一個人彈著琴，想著昔日的竹林、想著同遊的日子。

不管是得意或失意，最終都會變成回憶。

「自由」。

其實竹林七賢一輩子都在追求這個不可能實現的目標。

誰都無法眞正的自由。

只因每個人都身不由己。

在他們之前有不少死去的仙人，而他們之後也有不少做著仙人夢的人。

爲了長生不死不停吞下紙符、因爲虛幻的門第歧視別人、爲了名士的虛名而放蕩終身，最終仍一文不名。

這些事在《世說新語》裡屢見不鮮，甚至可以說，整本《世說新語》便是魏晉這些不食人間煙火的名士，在「名利」牽動下，演出一幕幕令人發噱的喜劇罷了。

「一切有爲法，如夢幻泡影，如露亦如電，應作如是觀。」——《金剛經》

PART 4

我魯我驕傲，做邊緣人超潮的

蘇軾的荒島求生計畫

「東坡，今年尾牙你要表演哪一首歌？」

「國境之南。」

——四十七歲的蘇軾先生，職業是網紅。

——興趣是嘲諷、覓食和在IG發廢文。

——直播時說自己無家可歸，居然有粉絲捐獻房地產。

轉大人檢測量表

「幼稚」其實是一個很模糊的形容詞。

國小拿粉筆丟同學很幼稚；國中上課舉手嗆老師很幼稚；高中說自己愛看《海綿寶寶》很幼稚；長大在朋友面前鬧脾氣耍性子很幼稚；出社會幫朋友在本票上面簽名也很幼稚。基本上我們的人生跟幼稚是一輩子拖不了鉤。

跟你身分證上到底幾歲毫無關聯。

而「幼稚」又有個貌似相對的詞，叫「成熟」。

那既然人一輩子都會耍幼稚，成熟二字又要如何分辨？

「敏鎬我知道，成熟就是你到了可以看○片的時候。」

「幼稚鬼給我閉嘴。」

什麼才是成熟呢？

就是你知道自己很幼稚的時候。

知道自己很天眞，卻還是願意相信人。

知道自己太多情，卻還是讓眼淚落下。

知道自己很愚蠢，卻還是無悔地付出。
有些話正確，但不能說；有些話盡是謊言，卻不得不說。
大人的小祕密比你藏在枕頭跟床底的零分考卷還多。
「余性不慎語言，與人無親疏，輒輸寫腑臟，有所不盡。」
比誰都天眞、都相信人，對誰都暢所欲言。
「心似已灰之木，身如不繫之舟。」
不承認自己天眞，卻最懂天眞所帶來的代價。
「回首向來蕭瑟處，歸去，也無風雨也無晴。」
成熟是什麼？誰又能說自己已經長大了呢？
蘇軾就是如此幼稚，卻比誰都成熟的人。

國考終結者

要談蘇軾，首先得談談他們家的怪物血統。
先說老爸蘇洵好了。蘇洵是家中次子，天性硬頸、討厭管教，整天遊手好閒，到二十七歲還不讀書，本來準備在眉州種田養老。但有一天，他老爸（東坡他阿公）跟蘇洵有意無意說了幾句。

「阿洵你看，你大哥前幾天及第了！」

「阿洵你看，你堂哥前兩天放榜也上了，好有前途喔！」

「阿洵跟你說喔，村裡兩條街左轉第三間那個誰誰的兒子也考上了耶。」

不良少年蘇洵估計聽到煩了，於是去書店買了幾本參考書，開始閉門讀書。

然後他發現自己讀書很快、文章寫得比別人好，好像有點強。（閉戶益讀書，遂通《六經》、百家之説，下筆頃刻數千言。）

然後他就報名考試。

然後他就落榜了。（廢話！你當其他人蹲那麼久是在睡覺？）

而蘇軾就在重考生老爸徹夜奮鬥時登場了。

跟放牛班的蘇洵不同，蘇軾跟老弟蘇轍一出生就有「資優生」的光環。

爲什麼說是資優生呢？你看過有人國考前一天還跑去逛夜市的嗎？

學霸就是學霸，連考試都與眾不同。

這場考試的主考官是當時的文壇泰斗——歐陽脩。

歐陽脩早在考前就看過重考生蘇洵的文章，對蘇洵的論述讚嘆不已，便邀蘇洵來自己家裡開趴，並引薦給當時的名流顯貴。

「敏鎬，所以蘇軾兄弟跑去哪了？」

「喔，他們還在逛夜市。」

而那場考試結果可說是驚天動地。如果當時京城有報紙，頭條一定是：

「號外！蘇家兄弟兩人同時中進士！」

「聞所未聞！歐陽脩：『有蘇軾，我覺得自己要讓路了！』」

「搞笑？第一名曾鞏原來是第二名蘇軾？」

「謙卑！蘇軾：『我媽都叫我當忠臣孝子。』」

當時改考卷的人是文豪梅堯臣，看完蘇軾《刑賞忠厚之至論》考卷後，被考卷上的超狂見解征服，趕快送給主考官歐陽脩欣賞。

因爲蘇軾文章過於優秀，歐陽脩一度以爲是自己的門生曾鞏所寫（當時的考卷都會彌封加重抄以防止作弊，連你媽也看不出來），爲了避嫌，趕緊把原本的第一名（其實那才是曾鞏）乾坤大挪移拔到第二名，而蘇軾便陰錯陽差成爲第二名。

歐陽脩事後知道作者是蘇軾，只淡淡說了句評語：

「這傢伙一定會出人頭地。」（老夫當避路，放他出一頭地也。）

而歐陽脩改完考卷回家後，突然想起一個奇怪的地方，又偷偷跑去找蘇軾。

「問你，你考卷上寫堯跟皋陶對殺人犯三殺三放㉒的典故，是哪本書上的？」
「沒啦，是我隨便杜撰的。」
「蛤？」歐陽脩對蘇軾不合法的創意跟大膽感到驚訝。
「呵呵，依照堯的個性，我推論這話是意料中事。」
通常你在考試捏造理論的話，有九成九機率會被閱卷老師痛扁，但歐陽脩沒這麼做。
歐陽脩看著已成名數十年的自己，再看著眼前不過二十來歲的蘇軾。
天才！這眞的是天才！
蘇軾跟蘇轍的官場大冒險就在這個華麗的開場下展開。

「對了敏鎬，蘇洵跑去哪裡了？」
「喔，蘇洵又落榜了。」
蘇洵後來考到得「國考恐懼症」，乾脆就不考了，直接推薦當官，阿彌陀佛。

㉒皋陶跟堯曾為了一件殺人案爭執，皋陶堅持要殺，堯堅持要放，兩個男人盧了三次。但你們不用記，因為事後證實是蘇東坡自己亂掰的。

當天才遇上天才

在幼稚園，你們一定遇過一種人，一種搶點心時會跟你講道理，然而道理講輸人時非但不肯認錯，最後乾脆找老師當靠山，再耍無賴把整盤點心吃光那種人。

要小心這種人，小時搶點心，長大當宰相。

當蘇軾進入朝廷後，他遇上許多好人，像歐陽脩、韓琦、司馬光、張方平，都對他照顧有加。

但有一個人，蘇軾怎樣都看不順眼，那個人就是王安石。

王安石這個人，二十一歲中進士後，就一直外放基層跑經歷，到了三十八歲才進京調回總公司。對於王安石，史書中有以下特徵：

「一過目終身不忘，其屬文動筆如飛。」

「安石性強忮，遇事無可否，自信所見，執意不回。」

「自奉至儉，或衣垢不浣，面垢不洗。」

總結：天才、中二、狡辯輸不起會生氣，然後不洗澡很髒。

反正，王安石就是一個怪咖兼天才。

而他的新政企畫書基本上創意十足、作風大膽，對國家稅收做出重新分配，但只有一個致命缺點：執行難度高，和實際情況不合。

但它偏偏就跟宋神宗的胃口很合。

「我大宋內憂外患、國庫空虛，是時候要再次振作了！」年輕的神宗讀著王安石提的萬言書，看著裡頭的施政改革計畫，雙眼發亮。

大宋缺錢缺糧，就是不缺天才。

被譽爲天才的王安石很快在朝廷遇上了另一個天才——蘇軾。

嚴謹剛強遇上浪漫隨興，兩個磁場不對的人不意外地槓上了。

兩人從文學、政治到人生，開始一場無止盡的賽跑。

王安石寫了一本《字說》（王安石版《說文解字》），被蘇軾吐槽得不要不要的。

「介甫，你覺得『坡』這個字，是什麼意思？」

「簡單，坡就是土的皮。」文字學大師王安石信心滿滿。

「哈哈哈，照你這麼說，『滑』，就是水的骨囉！」（嘲諷笑聲）

「……」（安石，你的文字學學分是用雞腿換的嗎？）

王安石寫了一本《三經新義》（王安石版參考書），然後把它當成北宋國考教科書，答案不寫王老師見解者一律零分。結果蘇軾跑去當監考官，看到考卷上都是「安石版見解」，心情不太好，就寫詩嘴砲。策論時還故意在考題裡找王安石的碴，讓王安石玻璃心碎一地。

坊間還有很多這種故事，如安石寫了首菊花詩然後被東坡嘴很爛、王安石三難蘇學士之類的傳說。這些事情會被當八卦流傳，代表兩人眞的孽緣不淺。

然而這種歡樂的日子並沒有持續太久。

因爲大戰不久後便正式開打。

北宋幼稚園（上）之搶零食大戰

北宋朝廷有兩個很明顯的特徵。

一、很幼稚的大叔集團互鬥

歷代的黨爭內鬥對象不是跟宦官就是跟外戚，總有邪惡的一方。

但北宋不是，互鬥的雙方都是士大夫，每個人都是經過國考拚上來的。

雙方爲了很智障的理由開始互嘴，從政策可以離題嘴到南北出身、人品文章等。

比起宦官的利益邪惡美學，這群大叔真的不知道在堅持什麼。

「閩人狡險，楚人輕易，今二相皆閩人，二參政皆楚人，必將引鄉黨之士，天下風俗，何由得更淳厚！」舊黨領袖司馬光曾這麼說過。（南方人不可以當政啦！）

北方舊黨如此，南方新黨也不遑多讓。新黨章惇執政後，為了報復舊黨，居然把舊黨所有名字刻在石碑上，開經費刻一刻發給全國公告，說上面的人都是奸臣、大惡人，（當大家沒眼睛？）結果新黨倒臺後，這些石碑秒變忠臣公告，「轉型正義」瞬間流行全國，章惇的臉比豬頭還腫。

「你們都幾歲的人了，可以不要這樣嗎？」神宗坐在龍椅上無奈地看著。

二、不會被殺，士大夫亂搞，連皇帝也要搖頭

由於北宋優秀的「重文輕武」政策，加上「誓不殺大臣及言事官」的傳統，基本上宋神宗只能看著底下的官員上朝吵架散朝打卡。（朱元璋：我有廷杖，呵呵。）

宋朝士大夫不僅待遇最好，連講話都比別人大聲。

「北宋與士大夫共天下。」這是北宋皇帝心裡最痛的那一塊。

「陛下，他禍國殃民，砍他！」

「陛下，他毀謗國政，鍘他！」

「不要叫我做一些我做不到的事……」神宗在龍椅上碎念，額頭冒出青筋。

很幼稚加上不能打，北宋朝廷基本上就是一間幼稚園。

而這間史上最大幼稚園目前正在舉行一場重大會議。

先看看大戰前雙方陣容：

執政新黨：王安石（領袖）、呂惠卿（壞蛋）、章惇（蘇軾的朋友兼小人）、李定（御史）。

在野舊黨：司馬光（領袖）、韓琦（重臣）、富弼（老臣）、文彥博（老臣）、蘇軾（嘴砲王）。

狂傲天才王安石在神宗支持下發動先攻。

「今天我們要討論有關改革的項目，請大家看看施政書。」主席王安石開始發言。

「你這份意見書上有關財政的部分，根本只是多徵稅嘛！」司馬光舉手反對。

「才不是，善於理財絕不是增加稅捐。」王安石開始生氣了。

「荒唐，你徵稅就徵稅，巧立名目！」司馬光開始開嘲諷了。

介甫的玻璃心就像水缸一樣被司馬光打破，但會議持續進行。

「現在我們要討論《青苗法》跟農民貸款的成效。」王安石直接忽略司馬光。

「《青苗法》貸款利率過高，根本高利貸。」河北安撫使韓琦舉手反對。

「愛卿，你認爲有什麼問題？」神宗開口。

「強迫貸款就算了，而且不只農村，爲什麼連不種田的城市人口都要貸款？」

「如果都市人口需要貸款，爲什麼不借？」輸不起的王安石開始硬拗。

「好了，我們現在開始討論新法的整體成效。」王安石又無意識忽略韓琦。

「陛下，臣有一言。」王安石往臺下看，是蘇軾。

「子瞻，有什麼話儘管說。」神宗有氣無力。

「陛下，新政與民爭利，而且對人民管控過嚴。《青苗法》《均輸法》blahblah……」

（東坡寫的是萬言書，很長，但內容都在嘴王安石新政。）

王安石看著蘇軾，眼神帶著怒火，而神宗坐在龍椅上，早已眼神死。

這場大戰以神宗慘敗告終，但更慘的是接下來如八點檔的發展。

因爲開了無數次會仍沒有共識，王安石決定以沒有共識爲共識。

「韓琦辭河北安撫使，仍留大名府；御史中丞呂晦革職（彈劾過王安石）；范鎮、張方平告老還鄉；司馬光外放陝西；蘇軾外放杭州通判。」

趕走一票人後，王安石開始將他的天才計畫付諸整個北宋帝國。

北宋幼稚園（下）之嘴砲接力大賽

外放杭州後，比起朝廷的紛亂，蘇軾更愛這個好山好水的地方。

「未成小隱聊中隱，可得長閒勝暫閒。我本無家更安往？故鄉無此好湖山。」

即使後來調到密州、徐州、湖州，他仍對杭州念念不忘。

但經歷如此風波後，儘管東坡還是東坡，朝廷卻不再是昔日那個能容忍他的朝廷。

蘇軾這個人有一個很大的問題，就是愛嘴砲；而且講出來不打緊，還喜歡寫下來發文讓眾人欣賞。

「如蠅在食，吐之乃已。」（抱歉，我看到不爽的事沒辦法不嘴。）

所以一查蘇軾的嘴砲發文紀錄，可說是厚厚一疊，根本典型鄉民。「人在江湖飄，哪有不挨刀。」即使外放，蘇軾還是繼續嘴砲國政跟討厭的人。

而還債的日子終於到了。

元豐二年（西元一〇七九年）七月二十八日夜，蘇軾在湖州家中被捕。

「蘇軾，你涉嫌毀謗國政、辱罵皇上，你認不認罪？」審問官一臉凶惡。

如夢初醒的蘇軾看著審問官，一臉狐疑。

「不招認？好，你看看這是什麼！」審問官丟下卷宗。

蘇軾睜開眼，盯著那張密密麻麻的紙。

是詩，是他之前寫過的詩。

先說一下，有種人以嘴砲爲業，但實際上常被當成一線打手，那種人叫御史。御史的功能很簡單：開第一槍、繼續掃射、最後等皇帝撿尾刀㉓（排除異己專武）。一場世紀大審判即將開始，蘇軾正是槍下亡魂；又因御史臺被稱做「烏臺」，蘇軾這件驚天大案便被稱爲「烏臺詩案」。

烏臺盃接力大賽

蘇軾在湖州當太守時，照慣例要上一篇表，感謝皇帝英明地把他外放。大筆一揮，就有了《湖州謝上表》。

㉓ 指前面雖然沒有貢獻，但最後把事情完成，並搶走所有功勞。

本來事情就這樣草草結束。但蘇軾估計是悶太久了，前面寫完磕頭謝恩，後面居然開始嘴砲（該死）。

「知其愚不適時，難以追陪新進；察其老不生事，或能收養小民。」（感謝陛下把我外放，讓我不用跟新黨的廢物共事，呵呵。）

大哥，你怎麼覺得這篇文章只有皇帝會看？新黨跟御史臺都會看好嗎？

於是御史何正臣便在新黨授意下，自己寫了奏本，鳴槍起跑。

不找死就不會死，人生真的不是論壇，說話可以不用負責任。

御史臺都是新黨的人，有人開第一槍，其他人秉著誣陷忠良、嘴砲朝政的專業，便接力找了蘇軾以前發過的廢文（不難找），然後熬夜寫逆臣靠北朝政的劇本。

接下來的理由更是千奇百怪，可說是創意無極限。（這些人考國考真的浪費！）

蘇軾，你有多該死，看好了！

「贏得兒童語音好，一年強半在城中。」（諷刺偉大的《青苗法》逼城市人口貸款。）

「讀書萬卷不讀律，致君堯舜知無術。」（諷刺陛下跟我們偉大的法治社會。）

「但苦世論隘，聒耳如蜩蟬。」（偷罵前同事很吵，意圖造成朝廷不和諧。）

「腐鼠何勞嚇，高鴻本自冥。」（偷罵前同事貪戀權位順便捧自己，該死。）

「根到九泉無曲處，世間惟有蟄龍知。」（有龍跟九泉，想偷偷詛咒陛下去死。）

因為蘇軾的廢文眞的太多，有嫌疑的大概一百多首（眞有毅力），牽連大概三、四十人（有司馬光、范鎭、曾鞏等，根本古文名人堂）。所以在審問時，就出現蘇老師要一首首說文解字，不然御史看不懂的窘態。

「好啦你用典好棒棒，但你還是毀謗皇上。」

「等等，這些跟毀謗皇上有什麼關係？你們識字嗎？」

「學問好了不起？說你有就有！」

最後一棒是新黨專業打手——御史中丞李定。

李定本人品德很差，但找理由倒是非常厲害，罪狀都是創意十足而體貼上司。

「蘇軾不學無術，不小心考中科舉，根本濫得時名！」（你是不是嫉妒人家？）

「對朝廷無功，薪水小偷，又愛靠北新政，根本誤國。」（李定你就沒有偷薪水？）

「陛下一直寬容他還不改過，浪費陛下苦心，該死。」（輪得到你李定來擔心？）

「發廢文寫廢詩靠北政治，有傷風俗，不殺他人心堪憂啊！」（干有傷風化屁事？）

子。）

卷宗很長，結論一句話：宰掉蘇軾，國家就有救了。（簡直神結論，國考眞的會考壞腦

蘇軾萬萬沒想到，現在當政的並不是之前那個與他相惜相鬥的正人君子王安石，變成了一直討厭自己的惡犬呂惠卿，御史臺滿滿都是排隊要開槍的人。

而蘇軾即將在牢裡度過他此生最漫長的四個月又二十天。

飛鴻踏雪泥

四十四歲的蘇軾在一個冷冽的早晨醒來。

看著自己傷痕累累的手臂，他癱軟在牆角懷疑人生，一如你早上睡醒一樣。

一個陌生人從籠外走進，看了看他。蘇軾覺得這個人很陌生，但睡意催人，自己很快又闔上雙眼。

再醒來時，那人已消失了。

「是夢嗎？還是我在地府了？」蘇軾搖搖頭，咬著牙，又和衣睡去。

比起蘇軾，在南京家中等待的蘇轍更是焦急萬分。

他已經寫信給京城中所有跟哥哥交好的政要文人，但這些信全部石沉大海。
「誰來都好，拜託請救救我哥哥！」子由比誰都心急。
而自己那份願爲兄長以官爵贖罪的奏章也毫無音信。
有天，「叩！叩！」大門被敲了敲，一封蘇軾的親筆信從牢裡遞來家中。

雪花落在掌心，一條坑坑疤疤的路在眼前蜿蜒地伸展。
蘇軾從一個很久遠的惡夢中醒來。
人生走馬燈開始了，子瞻想起了往事，跟弟弟在一起的往事。
那些一起趕考、一起歡笑、一起吃苦的日子。
蘇軾一生遇過許多人，但眞正記得的人卻很少。
蘇轍就是被他記得最深的那一個。
「往日崎嶇還記否，路長人困蹇驢嘶。」子由，以前一起吃苦的回憶，你還記得嗎？
「嗟余寡兄弟，四海一子由。」就算全世界都與我爲敵，你也永遠是最支持我的那個人。
「與君世世爲兄弟，更結人間未了因。」子由，我要走了，答應我，下輩子再做兄弟好嗎？

接到信的蘇轍在家中伏案痛哭，而蘇軾笑了笑，並沒有哭。

「人生到處知何似，應似飛鴻踏雪泥。」

一首早已模糊的詩正在老舊的牆上緩緩逝去。

人生如夢，但你是最美的那個。

幸運的是，事情並沒有像預料中如此糟糕。

由於仁宗皇后去世，天下大赦，而且仁宗皇后死前跟神宗說，你老爸仁宗生前很器重蘇氏兄弟倆，現在一堆小人要攻擊他，你不要冤枉好人云云。加上神宗自己也沒有要殺蘇軾的意思，所以雖然砲火很猛，但最後還是從輕發落。

「貶蘇軾為黃州團練副使。」

「其弟蘇轍貶筠州酒監。」

「司馬光、范鎮等與蘇軾交遊者，各罰紅銅二十斤。」

蘇軾多年後曾跟人說過，自己夢裡見到那個陌生人，應該是皇帝派來觀察自己的，能從輕發落，自己問心無愧應該也有份。

「烏臺詩案」到此告終。出乎意料的是，這次蘇軾入監，替蘇軾求情的人包括當時罷相的王安石（正人君子）、新黨的章惇（跟蘇軾曾是朋友）等人，舊黨卻一個人也沒有。

我不知道東坡得知這件事有什麼反應。

但我猜，他大概是搖搖頭，大笑兩聲，回家收拾包袱，踏上往黃州的不歸路！

「驚起卻回頭，有恨無人省。揀盡寒枝不肯棲，寂寞沙洲冷。」

好冷，邊緣人眞的很冷。

愛的大逃殺

有人說，柳宗元的人生像是溜滑梯，一路從高處向下滑。

那麼蘇軾的人生就是一場大逃殺，不斷在被仇敵追殺中找尋生路。

從汴京被追殺，逃到黃州。

從黃州被追殺，逃到惠州。

從惠州被追殺，被趕到儋州（海南島）。

可以說，蘇軾從四十四歲領到遊戲邀請函後，就一路玩到六十六歲掛掉。

最狂的一點是，蘇軾玩大逃殺的對手一直在換，從新黨大亂鬥換到自己舊黨接手，然後中間舊黨被新黨打爆，又換新黨繼續追殺蘇軾。

你們可以把默契放在治國上，不要放在這種地方嗎？
根據統計，遊戲過程中換了三個皇帝、兩個太后，政黨交替兩次，爲時二十二年。
然後以上登場人物不是倒臺就是掛掉，只剩下蘇軾一個人還活著。
這樣看來，「堅持到底就是勝利」這句話好像是眞的。
蘇軾到了黃州後，常被人記得的事情有幾樣：
一、找房子、蓋雪堂、建造快樂農場（帳號會叫「東坡居士」的原因）。
二、夜遊、煮飯、上線陪朋友喇賽（張懷民跟佛印上線中）。
三、到赤壁當網美打卡（就有了前後《赤壁賦》跟《念奴嬌．赤壁懷古》）。
如果你不說是蘇軾，我會以爲這是放暑假的國中生。

「敏鎬，蘇軾怎麼過得跟我一樣的廢物人生？」
「廢話，都那麼慘了不用對自己好一點喔？」

被御史臺打到殘血的蘇軾好不容易逃到黃州，因爲之前的有爲青年神裝跟天才光環早就被打得七零八落，回到等級一的蘇軾只好重新來過。
「把拔，我們今晚睡哪裡啊？」蘇軾兒子問道。

「呃，不知道耶。」

那時代沒有房仲業者，而且蘇軾身上也沒錢找房子，所幸黃州太守幫他找了個叫「臨皋亭」的地方，我們親愛的大文豪才不用睡公園。

「敏鎬，蘇軾這麼窮，又要養一票人，該怎麼辦？」

「傻瓜，你有看過偶像出門帶錢的嗎？」

沒有錯！靠著當代無敵的人氣，東坡開始拉贊助了。

對了，蘇軾有多紅？告訴你，不只是北宋境內，連異國（金國）、海外（朝鮮）都有蘇軾的腦粉；高麗文宗腦粉到甚至連國考題目都是蘇軾的文章，眞．腦粉無誤。

當偶像遇難的時候，就是粉絲貢獻的機會啦。

黃州：房子一幢、東坡土地若干畝、物資若干。

惠州：官舍一幢、物資若干。

儋州比較沒有粉絲，因爲當地都是黎族原住民。

雖有粉絲可以取暖，但相對的，對偶像的攻擊也從來沒有少過。

王安石執政時，蘇軾被王安石嘴砲（王安石這人討厭了點但操守很好）；呂惠卿執政時，蘇軾被呂惠卿攻擊（結果貶到黃州）；章惇執政時，蘇軾被章惇徹底摧殘（結果貶到惠州加儋州）。

順帶一提，王安石是死敵，章惇是蘇軾的好朋友。

「東坡何罪？獨以名太高。」（網紅眞的容易被黑。）

但蘇軾不是沒有反敗爲勝的機會。

在黃州蹲了近四年，好不容易等到神宗掛掉、年輕小皇帝哲宗上任。哲宗還小，自然由阿嬤宣仁太后攝政，老面孔司馬光重新上位。如此一來，身爲「貶官一族」的蘇軾理所當然雞犬升天，搭上升官電梯。

短短數月，蘇軾從黃州團練副使一口氣升到了登州太守。到登州後五天，奉旨進京，升爲四品中書舍人，最後升到「三品翰林學士知制誥」。

「敏鎬，什麼是翰林學士知制誥？」

「就是幫皇帝擬詔書的，順帶一提，宰相是二品。」

乾，什麼電梯，這根本是直升機。

但蘇軾的命運在某個時刻悄悄改變。

他恰好發現，旁邊的朋友有一種熟悉感。

他們開始打壓新黨，能貶多遠就貶多遠。

他們廢掉所有新法，也不看績效跟成果。

他們眼裡好像根本沒有人民。

「兩黨一樣爛，執政都腦殘。」（這句話有沒有很熟悉？）

蘇軾開始爆氣了，上朝時放地圖砲，無差別嘴人。

尷尬，蘇軾搞得自己人很尷尬。

但舊黨尷尬歸尷尬，他的嘴砲還是要打。

被蘇軾這樣一弄，舊黨索性跟新黨一起定點攻擊。火力集中的結果，就是東坡扛不住砲火，最後自己申請外調杭州。（人家是專業打手，業餘才去寫詩，別沾邊。）

人生像是湯圓，浮浮沉沉，東坡剛好是被煮到破的那一顆。

在外放的日子裡，子瞻過得還算舒適，但朝廷可沒那麼ＯＫ。

哲宗親政的日子來了，他的青少年叛逆期也來了，小屁孩突然覺得長輩用的人看起來很討厭。

於是，一覺醒來，蘇軾發現舊黨的人都不見了，而新黨的朋友章惇當上宰相。

然後上任禮物是一張惠州單程車票。（東坡一直亂嘴人，沒朋友了謝謝。）

「越過山丘，才發現無人等候。越過山丘，一覺醒來自己在惠州。」㉔

被酸、被黑、被流放，網紅真的不好當。

天涯淪落人

有些人你曾經討厭過，但這些人你會在深夜時想起他。

貶官的蘇軾成了黃州的東坡，而天才王安石也沒有好過到哪裡去。

「王安石當殺！」「王安石禍國殃民！」

熙寧九年（西元一〇七六年），變法再次失敗，朝中文武一致攻擊王安石。

正人君子王安石看著熟悉的戰友呂惠卿、章惇，突然都變得好陌生、好猙獰。

熙寧十年（西元一〇七七年），王安石二次罷相，賜歸金陵老家。

不同的個性，一樣的才情；不同的命運，一樣的苦悶。

船到了瓜洲，王安石看著京口的點點燈火，想起了自己曾是燈火下的一人。

離故鄉越來越近，但離夢想卻越來越遠。

到了金陵，看著清冷的府門，伴著他的，只剩孤獨跟落寞。

元豐七年（西元一〇八四年）的某個清晨，王家門前出現一個熟悉的身影。

王安石睜眼一瞧，是蘇軾。

因爲神宗改變心意，蘇軾便奉旨從黃州改謫汝州，恰巧經過金陵。

「荊公，別來無恙！」蘇軾笑了笑，頭上多了不少白髮。

「是子瞻啊。」看著相鬥多年的蘇軾，介甫咬著下唇，掩不住驚訝。

「抱歉，今天出門沒穿官服，失禮了哈哈。」（軾敢以野服拜見大丞相！）

蘇軾抓了抓亂亂的頭髮，還是孩子氣地笑著。

王安石也笑了，搖了搖頭。

「算了吧，你我之間還講什麼禮節啊！」（禮豈是爲我輩設？）

在僕人離開後，蘇軾悄悄走近，王安石被逼入牆角。

「有句話要跟你說。」蘇軾一臉正經。（某欲有言於公。）

「要說往事嗎？」安石咬住下唇，開始緊張起來。

「放心，是國家大事。」蘇軾調皮地說。（某所言天下事也。）

一夜風雨無話。

蘇軾輕輕推開門，轉身搖搖手告別，態度仍是一派天眞。

介甫看著他的背影，捏了捏燭火下的橘子。

㉔出自民歌大師李宗盛的《越過山丘》，事實上蘇軾被貶到廣東，是先坐船到南京，在南京才發現自己被追加貶官命令，從英州太守降成惠州司馬。

「也許縱橫朝堂二十年，值得回味的，就只有這個背影吧。」

極限求生遊戲

在戰國，所謂的流放是指屈原的長江以南；在唐代，所謂的流放是指柳宗元的悲慘人生；在北宋，字典的流放就是蘇軾兩個字，而且沒有之一。

來到惠州，雖然被貶官，但偶像還是偶像，人生還是要經營。

不同於黃州的國中生日記，惠州的東坡轉移客群，開始「東坡的大齡愜意生活」。

平時在惠州像個普通百姓，像隔壁阿伯常常去公園打球一般，蘇軾有事沒事都會去菜市場逛逛，滿足自己的吃貨心態（惠州版《孤獨的美食家》）。

由於薪水很低，一如之前流行的「節儉生活大挑戰」，蘇軾看到便宜羊脊骨就買下來，回家發揮黃州阿瞻師手藝，佐點酒、灑點鹽下去烤，開始玩挑羊骨邊肉的遊戲。

「得銖兩於肯綮之間，意甚喜之，如食蟹螯。」（阿瞻師手藝眞的很棒！）

而子瞻也在惠州成爲業餘釀酒師，每天忙著釀松酒跟橘子酒自娛。（但他兒子表示，幾個喝過他老爸釀酒的人回家都拉肚子。）

根據史料記載，蘇軾甚至拿自己存的錢建了一幢房子、弄了個菜園，把兒子孫子全接過來住，儼然是退休公務員一枚。

子瞻，都被流放了，過這麼爽沒問題嗎？

當然有問題，至少貶他官的章惇有問題。

蘇軾愛寫詩，平常大小事都會發廢文打卡留紀錄，而自己在惠州的爽爽生活好死不死被上班的章惇滑到。

「馬的，老子在加班，蘇軾你過的不錯嘛！」

一封詔書來了，新的終點也來了，這次是儋州（現今海南島）。

恭喜東坡，你成功打破人類貶官紀錄了，至少在這個年代，不會有人比你慘了。

「請問一下喔，儋州有什麼特色？」

「熱病、瘴氣、討厭漢人的黎族原住民。」

在此建議各位，被流放就要像韓愈一樣裝可憐，還有別像蘇軾一樣瘋狂發廢文。

陽光、叢林、檳榔樹，還有一位老巫婆。

飄洋過海來到儋州，六十歲的蘇軾看著眼前的一切，完全不可置信。

自己大概要死在這裡了吧！

但事實是，蘇軾不但沒死，還過得好好的，生命力堪稱史上最強。
生病沒藥醫？不甩巫醫，自己採藥自己治。
沒有地方住？自己砍樹搭個棚子來住。
沒錢買東西？自己上山採野菜煮來吃。
太閒沒事做？幫書寫寫注、陪道士聊天，偶爾寫詩靠北朝政（反正也不會更慘了）。
東坡，你真是北宋地表最狂的男人。

赤壁的夢遊

豁達是一件很奇妙的事。
你可能糾結一輩子，卻可能只花一瞬間將一切放下。
「頓悟」，是打開人生這個死結的唯一方法。
六十六歲的蘇軾正躺在床上一動也不動。
和一般將死之人不同，蘇軾沒有人生走馬燈，而是做了個夢，夢到某個月圓的日子，正值壯年的自己坐船到赤壁一遊的往事。

記得微風拂來很舒服，卻總也吹不散自己的鬱悶；記得明月美得很醉人，但自己眼裡卻只有那些往事；記得漫天星羅棋布，但一想起命運，手中酒杯轉眼皆空。

一陣簫聲將他喚回現實。

那簫聲很悲傷，像經歷過痛苦的往事，像有著不能說的祕密——那些關於宇宙最沉重、最深刻的祕密。

東坡抬起眼來，看著放下簫管的朋友，一個眼神悲傷，卻記不起名字的朋友。而從他口中，說出的是誰也不願面對的現實。

「寄蜉蝣於天地，渺滄海之一粟。哀吾生之須臾，羨長江之無窮。」

我們很快樂，但也不過是一時的。我們會消逝，縱然曾認爲自己是無窮的。

月光灑在江上，使長江的水又冷了幾分。

看著江流吞噬了石群，浪花拍打著沿岸，壯麗的峭壁在他眼前切開了天空。

宇宙是如此磅礴，而上天卻對你我如此冷漠。

子瞻喝了口酒，一陣風迎面吹來，而月光翩然灑落。

他站起身，迎向晚風，彷彿下一秒便御風而行。

看著眼前造物主給他的一切，蘇軾彷彿領悟到某件事，開始縱聲大笑。

太渺小了，真的太渺小了。

對往事的懊悔、為短暫生命的執著、對自己幼稚決定的一次次嘆息。

這些都太渺小了。

只有一瞬間，但他真的覺得自己長著翅膀，飛離人間，開始用自由的眼光面對自己。

得意、失意、愛、恨，一切都像是前世的事。

「自其不變者而觀之，則物與我皆無盡也。」

如果能物我兩化，那榮辱何足道哉！

也許我不能決定環境，但我卻能決定我要面對的心。

幼稚也好，成熟也罷，只要我相信，生命就是無窮無盡。

他夢見自己飲下最後一盞酒，夢見在小舟上沉沉睡去，恣意漂流。

而一輪紅日，正從身旁緩緩升起。

重考生的悲情日記

「松齡啊，你今年考得怎麼樣了？
有中舉了嗎？」

「過年可以說說吉祥話，別盡說些鬼話好嗎？」

——四十五歲的蒲松齡先生職業爲考生。

——興趣是讀書時偷滑網路鬼故事。

——曾因國考時筆沒水而改用自己的血寫考卷。

重考一直是一件很尷尬的事。

在我有記憶以來，我唯二感到尷尬的時候，一是小學開學時被叫到臺上自我介紹。二是過年圍爐時和根本不認識的親戚寒暄。

前者是一種被大人遺棄在陌生環境後，被迫赤裸裸在大衆面前做出一分鐘左右的自白；而後者是一種磨練，一種進社會前的強迫歷練。圍爐時升起的裊裊氤氳，象徵著傳統教育中數不盡的矛盾。

一言蔽之，自我介紹像是殉教，而過年圍爐像是演戲，演一場腳本很爛的戲。

但自從知道「重考」這件事後，我才知道，尷尬的事眞的存在，而且是前者無法比擬的。

但文人們注定要面臨這種尷尬的處境。

託了完善文官體制發展的福，中國文人的前半生跟人生目標基本上都早早注定。前半生：讀書、考試、中舉、光宗耀祖（後半生要看自己造化）。人生目標：修身、齊家、治國、平天下（有些人是爲了錢啦，我比較愛後者）。現在課本上有名的文人大多幾次就過關了，像是前面提過的柳宗元柳少爺、蘇軾蘇轍兄弟、好基友元稹白居易等，就算卡關，玩到最後也會過關，一如愛起爭議的吵架王韓愈。

但有些人國考遊戲玩到一半就卡關了，而且一卡就是一輩子。
蒲松齡就是其中一人。

地獄級國考遊戲

許多人對考場士子有些誤會，以為考試是一件很風雅的事。
事實上，考場的生活跟地獄差不多。
首先，不像現在是每年一試，古代是三年一試。
而且要取得當官資格，還要先考過秀才、舉人、貢士，最後才能取得最終門票：「進士」。（人生是有幾個三年？）
再來，考場環境可說相當惡劣，而且考試時間相當長，一場可以考上好幾天。
為了要避免考生舞弊，政府提供考生每人一間簡陋的單人房，但不供餐，所以考生要自帶乾糧，且大小便都要管制。根據史料記載，許多考生受不了考場壓力，甚至時有自殺之類的激烈行為發生。
考試內容繼承從唐宋而來的傳統，以四書五經為主，而明清兩代，更是為了讓考生能挑戰人類極限，使用了被人詬病幾百年的文體——「八股文」。

「八股文」有多恐怖？

顧炎武：「八股之害等於焚書，而敗壞人才。」（廢八股文，救救孩子！）

黃宗羲：「科舉之弊，未有甚於今日矣。」（八股文誤國！）

袁了凡：「務記臭爛時文，以爲捷徑者入。」（寫智障論文很可悲。）

聽見了嗎？考生的心聲我們都聽見了。

但考官們都聽不見。

如果沒辦法體會，那就想像一下：

你要寫一篇作文，作文內容從固定幾本書（而且不薄）出題，還要用書中的句子來當作文題材（基本上全背）。接著，你要用固定格式殺出一條生路，該對仗就對仗，該排比就排比，該押韻就押韻。再來，每篇文章要由八大段構成，每段都有固定格式、句數。最後，教科書很多，但如果不寫朱熹朱老師見解一概零分。

地獄，而且是萬劫不復的地獄。

但還是有可以輕鬆的消息，雖然「百無一用是書生」讓考生相當尷尬，但基於「士農工商」的根本概念，所以古代考生還是能風雅地讀書，一如你我想像。

但要是一直沒考上，就不是尷尬，而是非常尷尬。

全大清最狂BBS上線啦！

蒲松齡，一個比誰都尷尬的人。

蒲家祖先曾中過幾個秀才，還有一個進士，在地方小有名氣。

但時運不濟，蒲家後代沒有功名，父親蒲槃更因家道中落提早失學，於是考取功名的夢想便落在「神童」蒲松齡身上。

而小蒲松齡自己也相當爭氣，考秀才一考就是第一名。

天才！眞是天才！

當時的蒲松齡名噪一時，在考生中成爲一種傳說（名藉藉諸生間）。

秀才、舉人、貢生、進士。

在蒲松齡心中，一條光明大道已在眼前展開。

但傳說總是短暫的。

在來年鄉試中，他很快發現，自己落榜了。

舉人落榜倒也不是什麼可怕的事，畢竟三年後好漢一條，再考上不就行了。

然而現實總是比幻想殘酷。

「蒲先生有你的信喔。」

「什麼?是中舉的嗎?」

「呃不是,恭喜你落榜了。」

沒錯,第一次是失誤,第二次是疏忽,而次數多時就是眞理。

人生是這樣,落榜也是這樣。

孫中山十一次革命沒有全勤參加,但蒲松齡每次考試都是用汗水淚水寫卷。

看著省城中的點點燈火,蒲松齡一言不發地站在大街上。

「我的人生要怎麼辦啊?」

「沒有人在第一關就卡關的啦!」

國考魯蛇蒲松齡在悲憤之下,便回到家鄉開始準備革命。

「敏鎬,蒲松齡要反清復明喔?」

「沒啦,就是回老家繼續讀書重考。」

但蒲松齡在重考生活中開始了個小小計畫。

一棵樹、一個茶攤、一杯茶,一群悲憤的鄉民。

「全大清最狂 BBS 上線啦！」

恐怖都市傳說

《聊齋志異》（簡稱《聊齋》），基本上就是古代批踢踢，一個紙本版最大論壇。一本以鄉民意志集合在一起的勵志好書，而這本書的內容可以說是相當龐雜。如果以現在批踢踢的分類，我們大概會看到這種內容：

【黑特】有沒有主考官眼光跟智障一樣的八卦？（〈司文郎〉）
【Marvel】路上有恐怖道士把我的梨子騙走了！（〈種梨〉）
【八卦】爆卦！正妹被人蛇集團囚禁在破廟裡賣淫！（〈聶小倩〉）
【黑特】超幹！第一次遇到道士開班授課詐財（〈勞山道士〉）
【黑特】有沒有政府隨便徵收蟋蟀的八卦？（〈促織〉）
【表特】愛亂笑的正妹，恰巧是我表妹（〈嬰寧〉）
【小說】我親戚阿公是城隍（〈考城隍〉）

【八卦】某縣有黑心集團詐騙老人買藥！（〈口技〉）
【整形】神乎奇技，從醜得像鬼到正妹一枚（〈畫皮〉）
【笨版】爲什麼大家地震時會打卡但忘記穿衣服？（〈地震〉）

依照以上的分類，可以看出傳說千奇百怪，有些動輒幾千字，有些卻是寥寥幾行，看起來像是不知道哪來的鄉民隨口說的垃圾話。

例如像：

鄉民看見眼睛發光的尼斯湖水怪。（〈夜明〉）
衢州三大都市傳說。（〈衢州三怪〉）
兒子把老爸閹掉的社會事件。（〈單父宰〉）
山中不明生物追蹤實錄。（〈黑獸〉）
荷蘭人變魔術搶走土地。（〈外國人〉）
我的醫生竟然是勾魂使者?!（〈岳神〉）

而傳說《聊齋》的起源是因爲蒲松齡重考太閒，所以在鄉間一棵樹下擺了個茶攤，讓鄉民能偶爾來樹下聊天說些八卦軼聞、交流時事看法，一來可以抒發鬱悶，再來也可填滿自己重考的空白日子。

畢竟，考試時分秒必爭，但考前考後的無聊，大概有一世紀那麼長。

魯蛇取暖遊戲

不管學測還是各種考試，一定會出現一種人，那就是考完直接在旁邊討論答案的人。

這種人很可恨，但之後很有可能會蛻變成更可恨的第二種人。

那就是說自己都沒有讀書但考很好那種人。

蒲松齡身邊便有這種人。

「蒲兄，落榜沒什麼。」

「謝謝安慰，那你呢？」

「喔，我中三甲進士。」

「……」

「海內存知己，天涯若比鄰。」每個糟糕的年代，都有一群靠北時代的人。

像落榜的重考生會聚在一起悲嘆今年考題太難、均標太高，蒲松齡也跟多數落榜士子一樣，在清冷的夜裡開始詛咒世界。

【黑特】有沒有主考官眼光跟智障一樣的八卦？（〈司文郎〉）

有位王同學，今年準備參加國考。

寄居寺裡時，遇見一位宋姓同學和一位餘杭來的書生。

宋同學說了，廟裡有個盲和尚有特異功能，可以憑著燒文章聞味道來辨別好壞。

王生跟餘杭生便拿著文章跑去找和尚，和尚則請他們把文章燒給他。

首先燒了王生的文章，和尚評：「尚可，我可以用脾臟承受。」

又燒了名家歸有光的作品，和尚評：「這批有點純，我要心臟才能承受。」

餘杭生很開心，趕忙把自己的卷子一把火燒了，等著和尚的反應。

「乾！你是拿黑心金紙在燒嗎？」和尚一邊咒罵，一邊不停打噴嚏。

餘杭生很火大。而幾天後成績出爐，餘杭生上榜，王生落榜。

「怎麼樣啊？黑心金紙不錯吧！」餘杭生得意地數落道。

和尚還是搖頭，餘杭生便開始燒錄取他的考官所寫的文章。

「噁……噁……」如宿醉般，和尚瘋狂嘔吐，又開始放屁，跟食物中毒差不多。

「這考卷……有毒……」和尚虛弱地說。

其實歷史上落榜的文豪真的超多，像杜甫、蘇洵、歸有光，怎樣都考不上。而我相信，如果當時京城門口有掛留言板，上面一定留滿：

「廢話考官都是廢物啊！」（韓愈會留這種話。）

「叫考官下來考考看嘛！寫那什麼爛東西。」（蒲松齡寫的。）

「考官水準不意外。」（吳敬梓會留。）

「模範試卷？笑死。」（羅隱寫的。）

「謝謝指教，依法行政。」這是考選部官員留的。

而蒲松齡靠北國考的抱怨文真的不少，我們再來看看另一篇：

【八卦】有沒有今年國考榜首放棄錄取的八卦？（〈賈奉雉〉）

「你有沒有聽說一件事？」燭火明滅，一名長袍書生問。

「怎麼了？」黑袍書生轉過頭來。

「聽說今年國考全國榜首賈同學放棄錄取了。」

「眞假？爲什麼？」黑袍書生驚訝道。

「因爲他覺得當國考狀元很丟臉。」長袍書生喝了口酒。

「哪裡丟臉？」

「因爲他拿他幼稚園寫的作文去考試，結果變成全國模範試卷。」

「幼稚園等級作文？他是憑什麼考上的？」黑袍書生下巴差點掉下來。

「是吐司。他說他前一晚吃了某人送他的、來路不明的記憶吐司。」

「所以他就決定要逃跑了？」

「對，在他的考卷被廣爲流傳之前。」

因爲考不上沒錢跑路我看過，考上了還學人跑路倒是第一回。

而考官因爲被衆多考生詛咒，筆下命運自然也大不同。

【Marvel】我能記得自己的前世今生?!（〈三生〉）

你相信因果轉世嗎？

如果不相信，歡迎來到大清中央考試院（禮部）。

大家好我是湖南某甲，我一直都相信因果報應這件事。

理由不爲什麼，只因爲我女婿跟我不能說的那些小事。

第一世我是主考官，但被落榜的魯蛇鬼投訴，死後慘遭地府挖心剖腹，然後那條魯蛇鬼就是我今世的女婿。

第二世我是平民，但冤冤相報，魯蛇鬼投胎後害死我。我跑到地府申訴，但因生前家暴爸媽，所以閻王說我活該。

第三世我投胎成一頭大狗，而魯蛇鬼投胎成小狗。有一天主人帶我去遛狗時剛好遇到，我倆惺惺相惜，情不自禁，於是互咬而死。

想問一下，今世魯蛇鬼投胎變成我女婿還一直家暴我，我該申請保護令嗎？

追女友都沒那麼勤，追你可以追到三輩子。湖南某甲，你要不要考慮跟你女婿在一起啊？

「國考」是人們心裡最痛的那一塊。多少青春歲月都浪費在寒窗下，只爲了金榜題名的那一天。

經濟不景氣，公務員又變成現代人職業前三首選，而幾百年前的痛苦又輪迴到諸多學子身上。

「功名！功名！多少鬧劇因此而起！」但我們仍深陷迷思跟痛苦。

「秦人不暇自哀，而後人哀之；後人哀之而不鑒之，亦使後人而復哀後人也。」——《阿房宮賦》

菊花瞳鈴眼

「渣男」是一種很玄的生物。

「柔如水、灼如火、軟爛如土、心硬如鐵，然後很愛播種。」

衝突的五行彼此集合起來，便成就了一個典型渣男。

一如渣男典範《霍小玉傳》中的李益、「天下第一渣」元稹，渣男通常都有幾個特徵，也有幾個能治的辦法。

【八卦】始亂終棄！軍中愛情蟑螂欺騙熟女！（〈武孝廉〉）

首先，渣男一定會想從妳身上騙好處。年輕的騙色，年紀大的騙財，年紀不大不小的就騙財騙色，而攻擊範圍從八歲到八十歲，從人到狐仙都不放過（可怕）。

石某是武狀元，帶錢準備到京城買官，但半路上卻病倒了。

日子流逝，石某也快病死了。此時，一名熟女走進石某的船。

「嗚嗚，我要死了。」石某對女子嚎啕大哭，而女子微微一笑。

「沒關係，我有仙丹妙藥能救你的命。」

沒錯，騙財騙色的渣男開始騙救命仙丹了。

騙了仙丹的石某不但睡了熟女一晚，還拿熟女的錢去京城買官（原本的花完了）。然後他刪了熟女電話、娶了小妾、繞路避開熟女家，「忍術．不見面之術」發動！

乾！眞的是渣男耶。

但熟女不知爲何，像有特異功能般找到了石某，罵了石某一頓後便住進石某家。

有天，熟女喝醉了，化身一隻狐狸，被石某看到，趕緊拔刀準備殺了狐狸。但被小妾勸阻。一陣你來我往，狐狸酒醒了。醒來後，狐狸變回人形，罵了渣男一頓，在他臉上吐了口唾沫，渣男便吐出藥丸。

而渣男瞬間病發，送醫後宣告不治。

不意外，爛人的心就算拿仙丹也治不好。

而渣男因為薄情，態度就像臺北的天氣般忽冷忽熱，令人難以捉摸。

【黑特】我那薄情的攤販老公！（〈雲翠仙〉）

梁有才在路邊擺攤時，看見一對母女走過。

看到人家女兒很漂亮的有才開始使出「死纏爛打之術」跑去盧㉕人家，結果不知道怎麼樣，還真的盧成功，娶到正妹老婆。

厚臉皮果然是脫單成功的必要關鍵。

但像是臺北的天氣，渣男的態度也陰晴不定。

有才很快就開始賭博、偷家裡的東西去賣；而原本態度和善、笑嘻嘻的他，在老婆不給

㉕臺語，死纏爛打、無理取鬧之意。

錢後開始家暴，摔桌子丟椅子刷存在感。這些都不打緊，到了最後，有才竟然幹了最要不得的事。

把老婆賣掉！

把老婆賣掉！

把老婆賣掉！（這不叫渣男叫什麼？）

正妹老婆在被賣前，便叫有才陪自己回娘家，沒想到有才竟然答應了（又渣又笨）。所以啦，渣男有才便被正妹的一堆姊姊妹妹嬸嬸阿姨扁了一頓。被扁的有才只會哭，但等哭完睜開眼睛，發現自己竟然在懸崖邊，原本豪華的房子全都不見了。

沒錢又超魯的有才不到一年就落魄而死。

除了動不動就想騙財騙色、喜歡已讀不回、態度忽冷忽熱外，渣男還有一個很大的特點：「滿腦子只想著播種!!」

【黑特】渣男始亂終棄，害我懷孕了怎麼辦？（〈竇氏〉）

這次來說一個簡單的「渣男故事」。

眞的很簡單，跟許多八點檔很像，可以用一句話概括：

「渣男把人家肚子搞大然後不負責任害人家死掉了。」

鄉下仕紳南三復有一天到一戶農家避雨，主人熱情招待他。南三復看見主人家女兒漂亮，隨口虧了兩句，純情少女竇氏就這樣被色狼南三復成功攻略。

「三復，不要隨便當外送女婿到人家家裡好嗎？」

「我什麼時候說要當他女婿了？」

對，渣男仕紳南三復把純情少女竇氏肚子搞大後便人間蒸發，甚至讓人家凍死在家門口。一整個射後不理，比雄三飛彈還狂。

跟八點檔傳統結局一樣，竇氏化成冤鬼，跑來跟南三復索命，然後南三復最後在陰錯陽差下死於非命。（眞的不要隨便亂播種。）

世上好人少，壞人多，但賤人更多。

彷彿命中注定似的，悲劇總會發生，就像人生總注定會傻那麼一回般。

「我會愛妳一輩子。」老掉牙的戲碼不斷上演、主角不斷換人，唯一不變的只有人心難測。

說了這麼多悲劇，來給觀衆發點糖好了。

【表特】愛亂笑的正妹，恰巧是我表妹（〈嬰寧〉）

「表哥，你最近怎麼這麼開心啊？」吳生笑嘻嘻地問表哥王生。

「我去年元宵節逛街時遇見一名正妹。」王生笑道。

「然後呢？」

「不知道為何，她只會一直笑。我覺得她對我有意思。」

「表哥，你這是肥宅才會有的想法……」

「所以我就跟蹤她回家。」

「嗶嗶！衙門嗎？我想報案……」

「結果不小心在她家住了一晚、不小心訂了親、不小心把她娶回家了。」

「等等，這個劇情進展太快了。」

「然後我發現她居然是我姨表妹。」

「乾這是八點檔嗎？」

「然後她好像是狐妖……」

「表哥我幫你叫道士好嗎？」

從此肥宅兼跟蹤狂王生就過著幸福快樂的日子。很莫名其妙對吧（嬰寧超可愛）。

順帶一提，《聊齋》的愛情故事大部分都是如此莫名其妙。

但其中也有清流。

【小說】我跟土地神的故事（〈王六郎〉）

小弟姓許，跟武陵人一樣捕魚為業，最近遇上一個名叫王六郎的怪人。

他每次都藉口幫我趕魚然後跑來偷喝酒，讓我有點生氣，但看他喝酒時的樣子滿可愛的，所以日子一長就原諒他了。

後來他開口跟我說他是水鬼，讓我有點怕，但因為他還是很可愛所以原諒他。

某日，六郎跟我說他要去抓交替，要告別了，讓我心裡有點痛；不過聽到六郎明日要投胎，我還是流淚祝福。（聽村雞既唱，灑涕而別。）

當我再到河邊時，六郎仍坐在熟悉的地方。

「你怎麼還在這裡？」

「沒啦，我不忍心。」

「說真話。」我激動道。

六郎斟了杯酒，小小啜了一口。

「傻瓜，我覺得我們緣分未盡。」（或吾兩人之緣未盡耶？）

我聽完覺得臉好紅，請問各位我是得了風寒嗎？推薦哪裡大夫治病比較好？

老許，「思念是一種病。」而且無藥可治。

兒童睡前不要亂聽版《聊齋》

先說好，接下來這段小朋友不能看，如果可以就自己跳過。

每本書總有不可告人的內容，因爲即使光鮮亮麗，也會有影子存在，像是《格林童話》中的暗黑版《白雪公主》跟「被消失」的隱藏故事《藍鬍子》。

《聊齋》除了狐仙鬼怪的純愛故事外，當然也收錄了一些沒辦法給小朋友聽的故事。

譬如說，當大家都幻想跟隔壁女同學散步時，《聊齋》就問你要不要跟男同學親親：

【八卦】我朋友晚上爬到我床上該怎麼辦？（〈黃九郎〉）

何子蕭是年輕書生，在路上看見英俊少年黃九郎，一時欲火爆發，等不到對方喝醉就直接撿屍。九郎看見子蕭一把火起，立馬就逃，卻發現門被鎖住了。轉身一看，脫得赤條條的子蕭站在身後。

「前門鎖住怎麼辦？」

「傻瓜，可以開後門啊。」

可能是斯德哥爾摩症候群作祟，一番雲雨後，黃九郎竟然愛上了何子蕭。

然而，日子一天天經過，何子蕭消瘦得不成人形。

「哥哥，我不能再瞞你了。其實我是狐妖！」九郎淚流滿面道。

「好喔，所以可以再來一次嗎？」

快樂時光過得總是特別快，有權有勢惡劣大魔王突然出現跑來勒索何子蕭。

子蕭別無他法，只能哀聲嘆氣，而九郎悄悄走出。

「所以九郎跑去商家拉贊助了嗎？」

「對，用肉體跟大魔王拉贊助。」

然後九郎使盡渾身解數，榨呀榨呀，像榨甘蔗般榨乾大魔王的精力跟金錢。

「敏鎬，然後呢？」

然後世界就得救了。

我們感謝九郎跟他的肉體。

中國其實在男色跟孌童方面發展得非常早，而在明清時期，由於個人意志解放，加上禁止官妓，男色之風也變成士大夫間的時尚（領先時代五百年）。

「余好色，尤喜餘桃口齒，椒風弄兒之戲。」鄭板橋曾看著美少年這樣嘆息。

在《聊齋》中，除了會有書生跟男狐仙摟摟抱抱，後來還出現美少年詐騙集團。

【黑特】乾！我被國際賣身集團騙了！（〈念秧〉〈男妾〉）

書生王子巽和僕人要趕路進京，路上遇上了幾個人，說是王子巽親戚的朋友。

本著防詐騙第一的心態，王子巽都安然度過，直到路上撿到了一位孫小弟弟。

孫小弟一出場不打招呼，而是拿一條紅巾擦汗，淡淡紅光映在白皙的皮膚上。

王子巽看完到立刻被迷得不要不要的，管他前面有什麼坑都跳下去。

眼尖的僕人立刻看出陰謀，但孫小弟用了一招就讓僕人閉嘴。

那就是「賣身」。（僕移身避之，少年又近就之。膚著股際，滑膩如脂。）

快樂的僕人突然忘記反詐騙電話怎麼打。

一夜雲雨後，主僕兩人被騙財騙色，卻懷著滿滿的幸福。

美少年詐騙集團還常常幹出把可愛的男孩裝扮成女子、給人做妾的把戲。等到當事人發覺受騙時，主謀往往已經逃之夭夭了（還是有人很開心就是）。

傻瓜，這麼可愛，一定是男孩子啊。

而可怕的是，一張床塞兩個人似乎不太夠，所以開始有了第三個人。

【笨版】性騷擾未遂反被強制變性該怎麼辦？（〈人妖〉）

一個和平小村子裡，來了一位很會縫紉跟按摩的正妹。

書生馬萬寶看到正妹相貌，口水一直流不停，便叫妻子設法找正妹來家裡交流縫紉跟按摩，自己再用「替身之術」想辦法跟她交流其他東西。（書生真的很閒，可以麻煩你們認真讀書嗎？）

總之，正妹來到馬家，而馬萬寶也躲在房間裡，燭火一熄，兩人準備激烈交流。

「鏘！」兩人交鋒，一陣碰撞聲傳出。

「小姐，妳是不是去過泰國？」

燭火又亮了，真相只有一個。

按摩正妹竟然是男扮女裝的性侵通緝犯（自己承認已有十六人受害）。

「不可饒恕啊！」馬萬寶搖搖頭。等等萬寶，你自己好像也差不多耶。

但看到眼前犯人長得白皙美麗，交給官府也是可惜……

還是留下來自用吧。

「喀嚓！」

「啊啊啊啊啊啊!!」

司馬遷的痛，一千多年後，還是有人能體會。

「三人行，必有我師。」孔子看著顏回還有子路，手牽手走著笑道。

於是他們三個就過著幸福快樂的日子。

這個結局我真的不知道說什麼。

而隨著人與人的交流越來越多，跟動物之間的交流也成了必須面臨的議題。

但《聊齋》裡的朋友所用的方法不是去當流浪動物志工，而是比較激烈那種。

【八卦】有沒有動物會被吉㉖上法院的八卦？（〈犬奸〉）

一個和平小村子裡，發生了一件命案。

一名商人在妻子的床上被愛犬小汪活活咬死。

但天知地知鄉民也知這件事情並不單純，所以熱心鄉民就跟縣衙告發婦人謀害親夫，順便連狗一起告（你眞的沒看錯）。

鄉民眞的跑去告狗了！

鄉民眞的跑去告狗了！

鄉民眞的跑去告狗了！

「大膽戚秦氏㉗（誤）！還不給我老實招來！小王是誰？」縣官拍板叫堂。

婦人一開始還不招認，但一回頭，不知道是發情期到了還是怎樣，小汪（我幫狗狗取的

㉖吉，「告」的誤用字，八卦版鄉民最常用字之一。當你想上法院告人又不想觸霉頭可以用。範例：「吉人天相」（你看起來天生欠告）、「大吉大利」（年終太少，只好去法院告你到老）。

㉗周星馳電影《九品芝麻官》中遭誣陷毒害親夫的苦主。電影中的戚家上下除了十三口人還有一條狗，但不叫小汪叫來福。

名字）居然撲上婦人，並且開始做出猥褻動作。（嗷嗷！）

然後婦人居然承認了，小王就是小汪（好饒舌）！

估計縣官本來是想找出姦夫，沒想到事實超出常人理解之外，世間情瞬間變成動物星球頻道。（對了，後來小汪被判凌遲，嗚嗚。）

「敏鎬，為什麼恐怖故事裡狐仙鬼怪這麼少？」

「都在愛情故事裡了；而且比起鬼，人比較可怕。」

希望蒲松齡寫完不要被約去喝咖啡。

鬼抓人？人抓鬼？

我曾觀察過一群小孩玩「鬼抓人」的遊戲。

我本以為當鬼的孩子會像老鷹抓小雞般得意洋洋，但事實竟出乎我意料。

「鬼」其實是最恐懼的。

因為「人」要不就是躲的不見蹤影，要不就是會聯合起來戲弄鬼，再不然就是所有人一哄而散，只留「鬼」在原地焦急枯等。

到底誰才是鬼？

蒲松齡筆下的鬼、妖，往往都比「人」還來的可愛可親。他們敢愛敢恨，甚至有時表現出無所畏懼的勇氣去保護所愛之人。而「人」卻總是淺薄卑劣、齷齪不堪，但即使如此差勁，他們仍以一副自鳴得意的樣子迫害弱小、歧視他人。

到底誰才是人？

一陣風吹過，翻起了層層紙浪，月光灑在字裡行間，正閃閃發光。很多事都能忘記，像是鬥爭、升遷、社會不公，閉上眼轉瞬即忘。有些事卻一生難忘，像聶小倩的多情、王六郎的真摯以及嬰寧一派天真的笑容。到底什麼是人？什麼不是人？答案似乎相當模糊，但有一點是可以確定的。「只要有一顆真正的心，那麼是人非人，又有什麼區別呢？」

秋風又開始吹起，芒草漫天飛舞，再伴著濛濛細雨輕輕落下。

「姑妄言之姑聽之，豆棚瓜架雨如絲。料應厭作人間語，愛聽秋墳鬼唱詩。」——王士禎《題聊齋志異》

Eurasian Publishing Group
圓神出版事業機構
用心與你對話．視野無限寬廣
究竟出版社
Athena Press
www.booklife.com.tw
reader@mail.eurasian.com.tw

歷史 067

人生自古誰不廢：

或懷才不遇，或落榜情傷，古代魯蛇的人生堅強講義

作　　者／敏鎬的黑特事務所
發 行 人／簡志忠
出 版 者／究竟出版社股份有限公司
地　　址／台北市南京東路四段50號6樓之1
電　　話／（02）2579-6600・2579-8800・2570-3939
傳　　真／（02）2579-0338・2577-3220・2570-3636
總 編 輯／陳秋月
專案企畫／賴真真
主　　編／王妙玉
責任編輯／林雅萩
校　　對／敏鎬的黑特事務所・林雅萩・蔡緯蓉
美術編輯／金益健
行銷企畫／張鳳儀・陳禹伶
印務統籌／劉鳳剛・高榮祥
監　　印／高榮祥
排　　版／莊寶鈴
經 銷 商／叩應股份有限公司
郵撥帳號／18707239
法律顧問／圓神出版事業機構法律顧問　蕭雄淋律師
印　　刷／祥峰印刷廠
2018年7月　初版
2024年6月　19刷

定價 287 元
ISBN 978-986-137-256-3

也許不會有人聽懂你唱歌。
也許不會有人想聽你唱歌。
甚至有人想逼你改唱其他人的歌、跳其他人的舞。
但即使有種種誘惑，你仍必須唱著自己的歌。
因為總有一個原因值得你繼續唱；
即使嗓子沙啞，即使沒有聽眾。
只有當你勇敢挺身而出，這首歌才有存在的價值。

——敏鎬的黑特事務所，《人生自古誰不廢》

國家圖書館出版品預行編目資料

人生自古誰不廢：或懷才不遇，或落榜情傷，古代魯蛇的人生堅強講義／
敏鎬的黑特事務所 著
-- 初版 -- 臺北市：究竟，2018.07
288 面；14.8×20.8公分 --（歷史：67）

ISBN 978-986-137-256-3（平裝）
1.人生哲學　　2.通俗作品
191.9　　107007364